浙江省建成环境对老年人休闲体力活动的影响

于佳彬 著

ZHEJIANG UNIVERSITY PRESS
浙江大学出版社

序 言

2016年，世界卫生组织（WHO）《中国老龄化与健康国家评估报告》称：中国人口老龄化进程要远快于很多国家。在未来25年里，中国60岁及以上老年人在全国人口中的构成比预计将增加1倍以上，从2010年的12.4%（1.68亿人）增长到2040年的28%（4.02亿人）。2013年，中国80岁及以上老年人有2260万人，到2050年该数字有望达到其4倍，即9040万人，中国将形成全球最大的高龄老年人群体。社会人口迅速老龄化带来的是老年人健康需求的增加。体力活动（physical activity, PA）可以预防诸如骨质疏松、2型糖尿病、高血压、冠心病、肥胖、阿尔茨海默病等疾病，能有效提升老年人的生活质量，促进健康，降低国家医疗保健支出。

体力活动是指由骨骼肌收缩导致能量消耗的一切身体运动，主要包含工作相关的体力活动、家庭中的体力活动、交通中的体力活动及闲暇时间的体力活动四个部分。休闲性体力活动（leisure time physical activity, LTPA）指闲暇时间的体力活动，是老年人日常身体活动的重要形式。因其主要包括体育锻炼，消耗的能量更多，强度更大，对促进老年人的身体健康效果更加显著。

建成环境（built environment, BE）作为休闲性体力活动影响因素之一，已成为近年的研究热点。建成环境是指在一定地理空间范围内能够影响个体体力活动的城市规划环境，包括建筑密度和强度、土地混合利用、街道衔接性、街道密度、景观审美质量和区域空间格局等。国内学者综合国外大量相关研究后提出：土地混合利用度、街道连通性、可及性、建筑密度、步行和骑行基础设施、城市景观审美质量等建成环境因素与老年人休闲性体力活动存在显著性相关。建成环境的改善有利于老年人休闲性体力活动水平的提高，进而促进其身体健康水平。但各国研究结果因居民人口社会学特征差异、测量手段差异等原因不尽相同。目前该领域的实证研究集中于欧美国家，我国香港地区相关研究开展也较为深入，内地则以综述、探索类研究为主，实证研究相对较少，有待进一步开展。香港地区研究发现：可及性、街道连通性、步行和骑行基础设施与香港老年人休闲性步行时间存在相关。另外，受"体力活动有益于健康"这一传统观念的影响，香港地区老年人休闲性步行时间为西方国家的2—4倍。因此，不同的国家需要开展相关研究探讨本国居民体力活动的建成环境影响因素。

建成环境主要有三种测量方法：主观的邻近环境步行量表（neighborhood environment walkability scale，NEWS），客观的基于地理档案数据库分层分析的地理信息系统（geographic information system，GIS）和系统观测。虽然三种方法不尽相同，但对于探索建成环境对休闲性体力活动影响的这一问题有着同等重要的作用，NEWS和GIS在国外研究中使用最为广泛。建成环境的客观测量方法GIS比主观测量NEWS更高效精确，但客观测量中数据源的时效性、针对性较差，比如使用的地图、数据库没有及时更新，选择的数据脱离人们实际生活的环境等。此外，客观测量GIS无法现场判断研究区域内环境特征的质量，进而忽略了人们置身环境中的切身感受。与之相反，主观测量NEWS就可以通过受访人员对周边环境的认知，捕捉到与之紧密相关的建成环境数据，弥补这一缺陷，但由于其主观性评价属性不可避免地会给原始数据带来个人误差。目前，该量表已有针对中国社会环境特点的改良版本NEW-CS，并且信效度较高，可作为中国建成环境测量的可靠工具。

在我国人口日趋老龄化背景下，老年人休闲性体力活动日益增长的需求和城市建成环境发展滞后的矛盾突出。2016年发布的《健康中国2030规划纲要》明确提出："把健康城市和健康村镇建设作为推进健康中国建设的重要抓手，保障与健康相关的公共设施用地需求，完善相关公共设施体系、布局和标准，把健康融入城乡规划、建设、治理的全过程，促进城市与人民健康协调发展。"因此，本书旨在以浙江省为着力点，探寻我国城镇建成环境对老年人休闲性体力活动的影响。从建成环境角度研究促进老年人休闲性体力活动的方法途径，可为我国业已出现的、正日趋加剧并将持久存在的老龄化社会的新城市建设提供依据，为我国数以亿计的老年人增加休闲性体力活动、促进健康提供指导。

最后，本书在教育部人文社会科学研究项目资助下完成，项目名称为"我国城镇建成环境对老年人休闲性体力活动影响的研究——以浙江省为例"，项目编号17YJC890040。特别感谢张伸、任凯风、翟佃凯、刘致甬、王海宝同学在数据收集与分析、文献整理工作中所做出的贡献。

于佳彬

2021年9月20日

目录

第一章

研究背景及
国内外研究梳理

第一节　研究背景

当前，人口老龄化已成为全球性的社会问题，人口老龄化问题在未来几十年内还会进一步加剧。与西方国家相比，我国人口老龄化问题更为严峻。我国老年人口数量远多于西方国家，老年人口增长速度远快于西方国家，并且各城市老年人口分布不均匀、差异化明显。人口老龄化关系到国家经济、社会、人口发展等战略性问题，西方学者在解决老龄化问题上探索多年。人口老龄化同样给我国各方面发展带来阻碍，老龄化带来的各种问题已引起我国政府、学者和各领域专家的高度重视。如何正确地处理老龄化所带来的社会问题成为我国当前面对的主要课题。

在经济、科技、医疗卫生事业的多重支持下，我国人民的生命健康得到了保障，人口结构老龄化也成为一个不容忽视的现实问题。国家统计局大数据显示：2015年时，全国60岁及以上人口总量已达到2.2亿人，占总人口的16.1%，65岁及以上人口总量为1.44亿人，占总人口的10.5%。[①]过快的老年人口增长速度导致老年抚养比不断上升，2015年，我国已有21个地区成为人口老年型地区。人口普查数据表明我国已达到联合国规定的"老年型"国家标准，代表我国人口结构已

---

① 何靖楠，李宁华. 中国应对人口老龄化的对策[J]. 中国老年学杂志，2014，24(2)：553-556.

3

步入老龄化的结构体系。据联合国预测，到2049年，我国60岁及以上老年人将占总人口的31%，人口老龄化程度仅次于欧洲，老年人逐步成为我国人口的主体。[①]浙江省地处沿海地带，作为我国政治、经济、文化的重要省份，是全国人口老龄化比较严重的省份之一。据《浙江省2018年老年人口和老龄化事业统计公报》报告，截至2018年末，60岁及以上老年人口为1121.72万人，占浙江省总人口的22.43%，高出全国4.53个百分点。浙江省老年人口增长速度加快，人口老龄化形势不容乐观。

如此庞大的老龄化人口势必会对我国的健康医疗保障带来巨大负担。随着老年人年龄的增长，人体的新陈代谢减慢、平衡能力降低、身体各部分的器官在逐渐老化和衰退，身体活跃度也会随之大大降低。据医疗卫生部门的相关统计，60岁及以上老年人的慢性病患病率是全人群的3.2倍，伤残率是全人群的3.6倍。身体全面健康的老年人相对较少，高血压、心脏病等疾病属于老年人高发性疾病。[②]慢性疾病负担的加重是人口老龄化进程产生的主要健康问题。例如，我国老年人患心脏病、高血压、阿尔茨海默病和关节炎等慢性非传染疾病的数量每年仍在持续增加。到2024年，浙江省老年人的数量预计将要超过年轻人，进入"人口负债期"。面对浙江省如此庞大的老年人群体，如何应对老龄化所带来的健康问题，成为本书研究的主要动机。本书基于城市建成环境、休闲性体力活动和老年人健康三大方面，就如何从

---

① 王桦，赵晟珣.中国人口老龄化社会发展与应对策略[J].中国社会医学杂志，2014，31(2)：75-77.

② 闫萍,李传祥.中国老年人医疗费用的负担水平及变化趋势[J].中国老年学杂志，2013，33(16):3935-3939.

改善建成环境的角度提高老年群体休闲性体力活动水平，进而促进身体健康展开研究。

老龄化社会发展速度快，影响范围广。如何在我国人口老龄化规模大、发展速度快的背景下，更好地解决老年人群因年龄的增长而产生的健康问题值得我们深思和解决。大量的科学研究表明，适度有规律的体力活动对老年人身体健康具有重要的促进作用。例如，体育锻炼能够有效地降低心血管疾病风险，预防糖尿病、肥胖及相关的代谢综合征、残疾及骨折危险，并且能够促进心理健康，预防认知能力衰退和抑郁症。[①]国外大量研究表明，通过对居民住宅附近的建成环境进行合理规划以及对交通设施进行改善，可以提高老年人参与休闲性体力活动的热情，增加其参与休闲性体力活动的次数。这对提高老年人身体活动水平，促进身心健康起积极推动作用。

随着我国经济飞速发展和机械化程度迅速提高，城镇化进程快速推进，城市已成为人们生活工作的主要载体，而居住环境相应地也出现前所未有的巨大变化。人口数量过多、休闲性体力活动场地设施严重不足、生活交通不够完善、中心城区过于拥挤、资源供应紧张、环境恶化、社会秩序错乱、高犯罪率等问题不断出现，而这些问题给老年人参与休闲性体力活动带来了不便，使得居民体力活动不足的问题日益突显。建成环境因素作为体力活动的影响因素之一，尤其是城市的建成环境，已成为该领域国内外专家学者的研究热点。研究表明，城市中道路基础设施和交通设施的不完善会潜在地导致老年人群不愿

---

① KEYSOR J J. Does late-life physical activity or exercise prevent or minimize disablement? A critical review of the scientific evidence [J]. American Journal of Preventive Medicine, 2003,25(8):129-136.

过多地出行，或减少非机动车出行。越来越多的机动车出行方式代替了老年人步行出行方式，影响了老年人休闲性步行水平的提升。

我国国民生活水平较以往已大幅度提高，群众对健康的需求也越来越强烈。我国城镇化进程速度加快所带来的居住环境问题已经引起国家高度重视。政府相继出台《健康中国2030》和《国家环境与健康行动计划》两个指导性文件，表明我国已把居住环境和国民体力活动等内容列入了国家重要的工作范畴。但是，与西方发达国家相比，我国关于建成环境对体力活动影响的研究起步较晚，目前虽有少量的探究性实验研究，但仍以借鉴国外学者理论的综述性研究居多。这导致我们对于我国建成环境和居民日常体力活动的关系无法达到清晰认知的程度。开展本土的理论研究和实证研究迫在眉睫。因此，本书着力于探讨浙江省城市建成环境对老年人休闲性体力活动的影响，确定老年人休闲性体力活动的建成环境影响因素，以充实我国的相关理论。

本书拟采用国际标准化调研问卷对浙江省一线、二线、三线城市的老年人休闲性体力活动及住宅附近的建成环境进行实证性调研，探究建成环境与老年人休闲性体力活动之间的关系，梳理与老年人休闲性体力活动密切相关的建成环境因素。本书通过实证分析城市建成环境对老年人休闲性体力活动影响，丰富浙江省城市建成环境和老年人休闲性体力活动的实证性理论，为浙江省城市规划建设提供参考性建议。本书也将为浙江省政府机构提供理论依据和数据支撑，健全老年人健康服务体系，提升老年人自我健康保障能力和自主照料能力，发展适合浙江省城市老年人健康服务标准，积极应对人口老龄化问题。从建成环境角度研究促进老年人休闲性体力活动的方法，可为浙江省业已出现、正日趋加剧并将持久存在的老龄化社会的新城市建设提供依据，同样可为我国数千万老年人增加休闲性体力活动、促进健康提供理论指导。

第二节　相关概念界定

建成环境

建成环境作为休闲性体力活动影响因素之一，在不同场景中的含义有所不同。一方面存在广义的建成环境和狭义的建成环境，另一方面建成环境又是一个多面性术语。基于不同的语境，建成环境这一概念有不同的定义。就国内而言，暂时还没有一个公认的定义，其仍处于不断发展完善的过程，相关研究多以国外所界定的内涵为依据，并根据所研究的内容来确定外延。如陈庆果等人对建成环境的定义为："建成环境是相对于自然环境而言的一种人造环境，包括从都市的土地利用模式到都市的交通系统再到私人建筑及其周围空间的一切。"[①]又如王开对建成环境的定义："建成环境是场地使用者开展体力活动的实体空间，主要涉及土地利用格局、宏微观构筑元素和自然元素特点以及连通系统等方面。"[②]陈佩杰等人曾对建成环境的解释为："在一定地

---

① 陈庆果,温煦.建成环境与休闲性体力活动关系的研究:系统综述[J].体育与科学, 2014, 35(1):46-51.

② 王开.健康导向下城市公园建成环境特征对使用者体力活动影响的研究进展及启示[J].体育科学, 2018, 38(1):55-62.

理空间范围内能够影响个体体力活动的城市规划环境，包括建筑密度和强度、土地混合利用、街道衔接性、街道密度、景观审美质量和区域空间格局等，该领域研究中的建成环境主要包括三个方面:土地利用类型、交通系统、建成环境设计特征。"[1]本书根据研究需要将学者陈佩杰译介的定义作为建成环境研究的基础概念。

老年人

不同的国家对老年人的定义大致相同。根据国际上的公认定义，年龄在65周岁及以上称为老年人。我国认定老年人的标准是60周岁及以上人群。[2]我国不同年龄段老年人有不同的含义，例如年龄在49—59岁人群为初老期，称为中老年人；年龄在60—79岁人群称为老年人；年龄在80岁及以上的人在日常生活中被称为高龄老人。本书关于老年人的年龄认定参照我国老年人的标准。除宁波的少量受试者外，本书的受试者绝大部分为60岁及以上的老年人。

休闲性体力活动

体力活动的概念范围较为广泛，其定义为"骨骼肌收缩导致能量

---

① 陈佩杰,翁锡全,林文弢.体力活动促进型的建成环境研究:多学科、跨部门的共同行动[J].体育与科学, 2014, 35(1):22-29.

② 翟振武,刘雯莉.从功能发挥的角度定义老年：对老年定义与健康测量的反思与探讨[J].中国体育科技, 2019, 55(10):3-9.

消耗的身体运动形式"①。休闲性体力活动指在人们空闲时所从事的体力活动，其消耗的能量及强度要高于工作性、家务性、交通性体力活动。②依据当前我国政策和实证考察结果，大多数受访的老年人已达到退休年龄，但由于自身健康状况限制等原因，老年人家务活动和交通性体力活动不断地减少。研究发现静态的生活方式是老年人健康的重要影响因素，对老年人的健康造成了不可估量的威胁。休闲性体力活动是老年人参与较多的体力活动，休闲性体力活动的身体锻炼成效更加明显，并且可以令老年人获得巨大的健康收益。

第三节　国内外研究现状

建成环境与体力活动研究在国外开展较为全面和深入，相关研究主要集中在欧美等发达国家，研究方向涉及公共健康体系、公共医疗卫生、城市设施规划和完善、老年人康复医疗保健，以及体育社会学等。相对而言，我国在这方面的研究起步较晚，相关研究存在明显滞后性并且数量较少。通过对国外文献的整理和分类发现，国外学者根据实证考察结果总结的老年人休闲性体力活动的城市建成环境影响因素主要包括以下方面：安全性、可及性、街道连通性、土地混合利

---

① WILLIAM A, SUSAN L. Lower-body function, between neighborhoods and walking physical activity; How important is resident self-selections [J]. Health Place, 2011,17(4):419-428.

② World Health Organization. The world health report 2002 [R]. 2002:61-62.

用、景观性和人口密度等。

可及性是指老年人到达日常身体活动目的地的方便程度。如果到达目的地的难度较大,老年人对休闲性体力活动的需求就会减少,身体锻炼的需求就无法得到满足。一般研究是对目的地进行分类式研究,将老年人群到达的目的地分为服务性场所设施、公共交通以及娱乐性场所设施。伊莎贝尔(Isabel)等在葡萄牙的研究中指出,娱乐和其他基础设施的距离与葡萄牙老年女性总休闲性体力活动呈负相关,到达最近娱乐设施的距离每增加100米,总休闲性体力活动时间就会下降14.2%。对于葡萄牙老年男性,到达公园的距离会对总休闲性体力活动产生微弱的不利影响,距离每增加100米,总休闲性体力活动时间就会下降2.9%。[1]从该研究可以看出,建成环境对不同性别老年人休闲性体力活动会产生不同影响。公园和娱乐场所的存在对于老年人进行休闲性体力活动有较好的积极促进作用。[2]路易斯(Luis)等对于老年人参与休闲性步行活动的研究指出,公园绿地密度的完善程度与老年人每周步行时间达到60分钟的可能性呈正相关。[3]莎拉(Sar-

---

① ISABEL R, RICHARD M. Physical-friendly neighborhood among older adults alder from a medium size urban setting in Southern Europe [J]. Prevent Medicine, 2013, 33(8): 664-670.

② MARUI W, LONE J C. Perception of environmental obstacles to commuting physical activity in Brazilian elderly[J]. Preventive Medicine, 2011, 16(7): 289-292.

③ LUIS F, DIANA C. Built Environment attributes and walking patterns among the older population in Bogota[J]. American Journal of Prevent Medicine, 2010,33(6): 592-599.

ah）①团队在基于澳大利亚和美国的研究中发现，较高的目的地可及性能有效提高老年人的步行频率，进而提高休闲性体力活动频率，并在一定程度上可以降低老年人肥胖和超重现象的发生，有利于促进心血管系统健康。

　　然而，也有相关学者的实证性研究认为娱乐设施的可及性与步行不存在显著性相关关系。②观点不相同的原因可能是老年人参与休闲性步行活动不需要特别的场所作为载体去实现。但是，步行以外的休闲性体力活动通常需要特定场所去实现。丹尼尔（Daniel）③的研究也认为，较高的公园密度能够增加老年人休闲性体力活动，城市规划时相应地增加公园的可用性和可及性能够使老年人更好地利用公园进行身体活动，完善的公园设施会潜在地激发老年人参与休闲性体力活动。对于服务性设施的研究，少量研究发现较好的服务性场所和设施的可及性有利于老年人参与休闲性步行活动。如迈克尔（Michael）等的研究发现，购物商场的可及性与老年人休闲性步行活动呈正相关。④松田（Tsunoda）等通过问卷结合GIS地理信息系统的研究发现，目的地的可

---

①　SARAH C, JENNY V, DAVID C,et al. A cross-sectional investigation of the importance of park features for promoting regular physical activity in parks[J]. Interntional Journal of Environmental Research and Public Health, 2017,14(11):1335.

②　KENJI T, TAISHI T. Associations of physical activity with neighborhood environments and transportation modes in older Japanese adults [J]. Prevent Medicine, 2012,13(5):113-118.

③　DANIEL T C.Whither scenic beauty? Visual landscape quality assessment in the 21st century [J]. Landscape Urban Plan,2001,54(1):267-281.

④　MICHAEL Y L, BEARD T, CHOI D, et al. Measuring the influence of built neighborhood environments on walking in older aldults[J]. Journal of Aging and Physical Activity, 2006(14):302-312.

及性与老年人休闲体力步行呈正相关。[1]从两位学者的研究结论得知，服务设施越好或者越完善，就越有效地促进老年人参与休闲性体力活动。

土地混合利用可以促使城市用地功能的多样化，不同功能土地的混合利用可促使各种休闲性活动在地域和空间上的聚集，从而增加相应的休闲性体力活动。丹尼尔的研究发现，无论是主观测量的方法，还是客观测量的方法，结果均表明土地混合利用与老年人休闲性体力活动呈正相关。生活地区的土地利用类型一旦超过两种，同时包含娱乐类型和商业类型的功能，在一定的程度上能够促使老年人离开房屋住所，进行日常步行活动或去公园锻炼身体，这有利于老年人群的健康。[2]萨特里亚诺（Satariano）等研究发现，居住在土地混合利用地区附近的老年人比居住在单一地区的老年人更有可能增加步行时间和休闲性体力活动的次数。[3]关于场所设施的多样性，大部分学者给出的结果是场所设施的丰富多样化对老年人参与休闲性体力活动具有重要的推动影响。斯图尔特（Stewart）等研究发现，社区公园设施的多样性与休闲性体力活动相关，公园活动设施数量每增加一项，老年人的休

① TSUNODA K, TSUJI T, KITANO N, et al. Associations of physical activity with neighborhood environments and transportation modes in older Japanese adults [J]. Prevent Medicine, 2012,13(5):113–118.

② DANIEL T C. Whither scenic beauty?Visual landscape quality assessment in the 21st century[J].Landscape Urban Plan,2001,54(1):267–281.

③ SATARIANO W A, IVEY S L, KURTOVICH E, et al. Lower–body function, neighborhoods and walking in an older population[J]. American Journal of Preventive Medicine, 2010, 38 (4): 419–428.

闲性体力活动概率将增加6%。①

　　景观性指老年人体力活动发生的实体场所中建筑技术实用性与景观的社会普世性相结合。松田通过实证研究表明：令人愉快的自然景观或者人文景观对于老年人参与休闲性步行活动都有促进的作用。景观包含人文景观环境和自然景观环境，两种环境的优美都可以让参与休闲性体力活动的老年人群获得良好的视觉感受和心理体验，将会增加休闲性体力活动的时间及活动量。萨利斯（Sallis）等②研究发现，居住社区的公园或者广场内绿色植被的覆盖率越高，景观构成越丰富，则使用者对公园整体的审美性评分越高，越容易增加停留时间和参与活动频率，这会对休闲性体力活动水平带来积极影响。

　　人口密度主要是指区域面积土地上居住的人口数量。伊莎贝尔等③研究发现，人口密度仅仅会对体力活动产生微弱的负面影响。但也有文章表明对于步行以外的休闲性体力活动，人口密度与老年人休闲性体力活动参与次数呈正相关。人口密度相对于其他因素含义较为广泛，导致目前对于人口密度的研究结果尚不一致，分析结果不一致的原因可能是不同研究者所选取的研究地区之间的差异及环境测量方法

---

　　① STEWART O T, MOUDON V A, Littman A J, et al. Why neighborhood park proximity is not associated with total physical activity [J]. Health & Place, 2018(52): 163-169.

　　② SALLIS J, BAUMAN A, Pratt M. Environmental and policy interventions to pronote physical activity [J].American Journal of Preventive Medicine,1998(4):379-397.

　　③ ISABEL R,RICHARD M. Physical- friendly neighborhood among older adults alder from a medium size urban setting in Southern Europe [J].Prevent Medicine,2013,33(8):664-670.

的不同造成的，因此对于人口密度的考察仍需要结合国情及居住区域的实际情况。

步行道路状况是日常生活中比较容易见到的建成环境影响因素，步行道路状况的好坏在很大程度上影响着参与休闲性体力活动者步行的频率和次数。研究表明，设计良好的步行道路能够促进老年人休闲性体力活动的开展；步行道路不平坦、路面质量较差则不利于开展休闲性体力活动，一定程度上会影响参与者的体力活动量。国外学者智也（Tomoya）[①]关于路面坡度与步行时间的研究认为，被调查者生活区域有陡峭的山坡（地形坡度大于或等于5%）时，每天可能会有更多的步行时间。上述研究结果对于老年人住所和公园的选址具有重要的参考价值和意义。阿蒂亚（Atiya）等[②]认为较好地维护基础设施对于帮助老年人进行休闲性体力活动是十分重要的。因此在公园步行过程中设置可以用来休息的长椅，为老年人提供集会和休息地点。在陡坡或楼梯安装扶手或栏杆，能使老年人感觉到步行安全性的保障。另外，阿蒂亚通过影像发声技术发现，摄影镜头中和谈论中出现最多的问题是路面存在障碍物阻碍老年人进行休闲性步行活动，例如路面碎石、树皮等。这些障碍物使道路变得不够平坦，老年人就会感觉在社区街道安全步行变得极为困难。

通常，街道连通性越好、路口密度越大代表单位面积内交叉路口

---

① TOMOYA. Teen and adult perceptions of urban green space Los Angeles[J]. Children Youth and Environments, 2006,16(1).

② ATIYA M, HABIB C. A photovoice documentation of the role of neighborhood physical environments in older adults physical activity in two metropolitan areas in North America [J]. American Journal of Prevent Medicine, 2013(3):302-312.

的数量越多，越有利于人们出行从事各种类型的体力活动。然而，路易斯[①]发现，街道连通性与每周步行至少60分钟的可能性呈负相关，具体原因是较高的道路连通性意味着较多道路交叉点和人行道，老年人可能因此感知到较高的交通事故风险，使得他们对于步行活动产生顾虑，就会减少休闲性步行活动。

安全性是国外该领域研究所提及的老年人体力活动水平的重要建成环境影响因素。相关研究表明，当老年人穿越街道时，若心理上感到安全，他们可能会增加休闲性步行活动的时间。萨特里亚诺等的观点是，老年人对于犯罪活动的感知是影响其休闲性步行活动的主要因素。[②]社区环境存在涂鸦、设施被故意损坏、醉酒者都会让老年人缺乏安全感，老年人觉得身边存在犯罪行为，则会出现过多的担心和顾虑，阻碍他们进行身体活动。

国外学者的研究表明，建成环境因素对体力活动具有显著性的影响。不同建成环境因素对体力活动的影响程度仍需要更多的相关实证研究。国外研究也指出，不同的测量方法可能是导致不同环境因素差异的主要原因。因此，在进行建成环境对老年人休闲性体力活动影响研究的过程中，需要有针对性的方案、研究方法和研究测量工具。

当前国内外对建成环境和体力活动研究的热潮已经引起了我国专家和学者对建成环境和体力活动的关系及老年人健康的关注。当然，

---

① LUIS F, DIANA C. Built environment attributes and walking patterns among the older population in Bogota[J].American Journal of Prevent Medicine,2010, 33(6):592-599.

② SATARIANO W A, IVEY S L, KURTOVICH E, et al. Lower-body function, neighborhoods and walking in an older population[J]. American Journal of Preventive Medicine, 2010, 38 (4): 419-428.

在我国建成环境对老年人休闲性体力活动的研究仍属于一个较新的研究话题，相对国外起步较晚。我国专家学者发表的探索性研究主要是针对国外研究方法或成果的分析、总结以及借鉴。例如陈佩杰等[①]通过阐述建成环境和居民体力活动关系的研究背景和国外研究进展，为国内建成环境对体力活动影响的研究提供借鉴和理论上的参考。专家学者在文献中明确地指出，建成环境对体力活动有着重要的实际影响作用。但是就我国而言，实证性的考量研究相对较少，对理论的支撑性也不够全面。因此，我国当前对建成环境和休闲性体力活动的研究主要还是应增加更多的实证研究。

我国学者吴轶辉[②]关于建成环境对老年人休闲性体力活动影响的综述性研究发现，优美清洁的环境、完善的娱乐设施及良好的社会治安会对老年人休闲性体力活动产生积极影响。对上述建成环境因素等级的提升和完善可以促使老年人多参与步行，提高老年人休闲性体力活动水平。宋彦、李青等人[③]关于建成环境与老年人休闲性体力活动关系的综述研究认为，休闲娱乐场所、社会治安安全、人文景观环境等方面会对老年人休闲性体力活动产生影响。此外，人口社会学特征也会对居民体力活动水平产生影响，如温煦等人综合相关研究发现教育程度的提高以及对交通状况、可达性进行优化和完善，可以有效地提高

---

① 陈佩杰,翁锡全,林文弢.体力活动促进型的建成环境研究:多学科、跨部门的共同行动[J].体育与科学, 2014, 35(1):22-29.

② 吴轶辉,王杰龙.建成环境对老年人休闲性体力活动影响综述[J].中国运动医学杂志, 2016, 35(11):1074-1082.

③ 宋彦,李青,王竹影.建成环境与老年人休闲性体力活动关系的研究综述[J].曲阜师范大学学报(自然科学版), 2016, 42(4):114-120.

居民休闲性体力活动水平。[①]

我国学者关于建成环境对体力活动影响的研究，除了对国外相关主题的研究进行总结和综述外，也有人在我国开展了区域性实证研究，其中以我国香港地区的实证性研究开展得最为深入，而又以塞林（Cerin）团队的研究最为知名。塞林等通过实证研究发现：可及性、街道连通性、步行和骑行基础设施与香港老年人休闲性步行时间存在相关性。另外，受体力活动有益健康这一传统观念的影响，香港地区老年人休闲性步行时间是西方国家的2—4倍。[②]我国其他地区学者的实证性研究发现：城市景观审美质量、街道连通性及土地混合利用与老年人休闲性体力活动存在相关性。另有实证性研究发现，人口密度、土地混合利用度等建成环境的合理设计和等级提升有助于增加居民体力活动，促进身心健康。

通过对国内外研究情况的分析和归纳总结出，居民休闲性体力活动的建成环境影响主要因素集中在安全性、可及性、街道连通性、土地混合利用、景观性和人口密度等方面。西方国家城市建成环境与老年人休闲性体力活动的研究结果是否适用于我国还需要进一步的实证分析。不同的国家需要开展针对本国的研究以探讨本国的休闲性体力活动的建成环境影响因素。面对浙江省人口老龄化趋势的加速这一现实，目前就浙江省城市建成环境对老年人休闲性体力活动影响的全面

---

① 温煦，何晓龙.建成环境对交通性体力活动的影响:研究进展概述[J].体育与科学，2014, 35(1):40-45.

② CERIN E,SIT C H, Barnett A, et al. Walking for recreation and perceptions of the neighborhood environment in older Chinese urban dwellers[J]. Journal of Urban Health-Bulletin of the New York Academy of Medicine, 2013, 90(1):56-66.

实证性研究仍较少。而确定城市建成环境的影响因素及对休闲性体力活动产生何种影响，是休闲性体力活动与建成环境因素关系研究的中心点。因此，本书有必要就浙江省城市建成环境对老年人休闲性体力活动影响开展实证研究，明确建成环境与老年人休闲性体力活动的关系，并且合理地把个体因素、经济状况分层与建成环境、休闲性体力活动进行有效结合。

休闲性体力活动和建成环境评价工具

目前对于体力活动测量的研究主要包含主观测量法和客观测量法。综合国内外相关研究文献，我们发现体力活动的测量方法主要以问卷法和观察法为主。相对于其他的测量方法而言，问卷调查的优点主要在于评估的样本量大，花费成本较低，而且对于收集的信息便于分析，是测量休闲性体力活动最普遍的方法之一。对问卷的设计也在不断发展与成熟，本书采用的是国际体力活动问卷（international physical activity questionnaire，IPAQ）。问卷对被访问者的总体要求不高，并且比较适合大样本量的信息收集。本书仅采纳IPAQ-CS版本中休闲性体力活动的部分，作为休闲性体力活动水平的主要评价标准。

随着体力活动测量方法和方式的不断改进，建成环境测量的方法也是日新月异。笔者查阅相关文献得出建成环境的评价方法主要有以下三种：主观的邻近环境步行量表（NEWS），客观的基于地理档案数据库分层分析的地理信息系统（GIS）和系统观测。虽然三种方法不尽相同，但对于研究建成环境对休闲性体力活动影响的这一问题有着同等重要的作用，当前对于建成环境的测量和分析主要有两种评价方法，每种评价方法各有其相应的优缺点。首先，客观测量方法 GIS 的优点是准确和高效，缺点是数据库如得不到及时的更新、数据源脱离人群居住区域的环境等，收集的数据不能很好地保证时效性和准确性。其次，GIS 应用技术对研究区域设施无法做出质量上的判断，进而无法收集人们对研究区域内环境的切身感受。主观测量 NEWS 则恰恰相反，可以更好地解决客观测量上的不足之处。目前，该量表已有针对中国社会环境特点的改良版本 NEW–CS，并且信效度较高，改良过后的问卷可以有效地作为中国建成环境测量的可靠工具。①

①　CERTAIN E, SIT C H, CHEUN M C, et al. Reliable and valid NEWS for Chinese seniors: measuring perceived neighborhood attributes related to walking [J]. International Journal of Behavioral Nutrition and Physical Activity, 2010(7):84.

第二章

杭州市和温州市建成环境对老年人休闲性体力活动水平影响的对比研究

第一节　研究背景与目的

　　建成环境对体力活动的影响研究在国外开展较早，研究成果丰富。我国在该领域的研究起步相对较晚，有待进一步加强。目前，我国研究人员已经在东部地区、南部地区以及西北地区开展了相关研究，但大多数研究对象为18岁及以上的成年人，只有少数的研究专注于60岁及以上老年人。年龄的差异可能会使体力活动的建成环境影响因素有所不同。如吴等人发现南京市的道路通达性与老年人体力活动水平呈正相关。[①]而另有研究发现，上海市[②]和西安市[③]的道路通达性与成年人的体力活动水平呈负相关。研究结果的不同可能由年龄差异引起。相对中青年人群，老年人在退休后有更多可以自由支配的空闲时间。良好的道路通达性为老年人方便出行提供了有效保障，进而促使其步行活动增加。而中青年人群则忙于工作，并没有很多的空闲时间

[①] WU Z J, SONG Y L, WANG H L, et al. Influence of the built environment of Nanjing's Urban Community on the leisure physical activity of the elderly: An empirical study[J]. BMC Public Health, 2019 (19):11.

[②] ZHOU R, LI Y, UMEZAKI M, et al. Association between physical activity and neighborhood environment among middle-aged adults in Shanghai[J]. Journal of Environmental and Public Health, 2013 (23):95.

[③] SUN Y, HE C, ZHANG X, et al. Association of built environment with physical activity and physical fitness in men and women living inside the city wall of Xi'an, China[J]. International Journal of Environmental Research and Public Health, 2020 (17): 4940.

参与休闲性体力活动。香港地区也开展了老年人休闲活动的相关研究，但受试者在社会人口学特征及社会经济状况上与内地存在一定的差异，这可能对内地老年人休闲性体力活动的建成环境影响因素参考性不强。因此，我国内地老年人的相关研究有待进一步深入。

据笔者所知，以往我国并没有研究对比两个不同城市的建成环境及老年人休闲性体力活动水平。采用对比研究可以给该领域提供新的视角，尤其考虑到不同城市在人口社会学特征上的差异。因此，本章研究旨在确定我国东部地区一线城市杭州和二线城市温州在建成环境与老年人休闲体育活动上的关联性，并尝试寻找两个不同级别城市在建成环境与老年人休闲性体力活动上的差异，最终探讨建成环境如何影响老年人休闲性体力活动水平。

第二节　研究方法

采样与实验设计

本实验数据采集于2019年7月至9月。2019年，《中国财经周刊》基于全国城市经济发展水平及未来经济发展潜力发布了中国城市分组排名，杭州为一线城市，温州为二线城市。两座城市均位于我国东南沿海地区的浙江省内。杭州以它适宜的人居环境而闻名，西湖坐落于杭州市中心，向市民和游客免费开放。在公共交通方面，截至2019年，杭州有4条地铁线路运营，而温州只有1条地铁线路，杭州的公共交通系统更加便捷。作为浙江省的省会城市，杭州承办国内外一系列大型会议或活动，如2016年的G20峰会、2022年的亚运会等。因此，杭州可能在城市建设和服务提供方面更具优势。此外，杭州在人口规模和经济发展上均领先于温州。2019年，杭州的GDP位于全国第9，而温州的GDP位于全国第30。至2019年底，杭州的居民人数为1036万人，温州为930万人。此外，在外来人口数量这一指标上，杭州有43.4%的居民属于外来人口，温州则为31.9%。

本章所调研的社区位于两个城市的主城区，包括杭州市的上城区、下城区（已于2021年并入拱墅区）、江干区（已于2021年并入上城区）、西湖区和拱墅区及温州市的鹿城区和瓯海区。样本收集方法为横断面随机样本法。在当地居委会的协助下，调研团队共在杭州收集到10个不同社区的308个样本数据，在温州收集了9个不同社区的304个样本数据。老年人的纳入标准为（1）60岁及以上；（2）是所调研社区的居民；（3）在该社区居住6个月以上；（4）没有认知障碍，具备正常的交流能力。所有受试者在受访前均已填写了知情协议书。

数据收集

本书采用三份问卷收集基本数据，包括个人社会特征问卷、邻近环境步行量表中文简化版（The Chinese version of neighborhood environment walkability scale—abbreviated，NEWS-A）及国际体力活动短问卷（International physical activity questionnaire—short version，IPAQ-S）。个人社会特征问卷收集受试者性别、年龄、教育程度、收入状况、日常出行方式、工作状况及下肢运动疾病信息。中文版邻近环境步行量表由塞林的香港团队基于美国研究团队研发的建成环境问卷改编而来，问卷的信效度已经过检验[①]，可用于开展面向我国老年人的相关研究。该问卷对8个方面的建成环境进行评分，包括居住密度、土地混合利用度、服务便捷性、道路通达性、步行骑行设施、美观性、交通安全及社会安全。

居住密度主要通过统计附近不同高度的建筑的密度进行评价，如"您家附近1—6层的居民楼数量多吗?"，选项为李克特量表5级评价标准，包括"（1）没有；（2）很少；（3）有些；（4）很多；（5）全部都是"。后期通过前人研究文献给出计算公式得到居住密度评分。土地混合利用度主要评价20个不同目的地与家的步行时间。选项同样为李克特量表5级评价标准，包括"（1）1—5分钟；（2）6—10分钟；（3）11—20分钟；（4）21—30分钟；（5）30分钟以上"。另包含一个"没有或不知道"选项，若受试者选择此选项，则该目的地不计入后期统计评价。土地混合利用度的评分越高代表目的地与家的平均步行距离越远。

其他6项建成环境因素的评价均采用李克特量表4级评价标准，根据对该问题的同意程度，选项包括"（1）非常不同意；（2）部分不同意；（3）部分同意；（4）非常同意"。服务便捷性包括6个子问题，对居民所感知的体育锻炼设施（如公园）、商业设施（如超市）、公共交通站点（如公交车站、地铁站）和道路平整度进行评价。例如，子问题1：从您家步行到店铺很方便。道路通达性包含3个子问题，对断

① CERIN E, SIT C H, CHEUNG M C, et al. Reliable and valid NEWS for Chinese seniors: Measuring perceived neighborhood attributes related to walking[J]. International Journal of Behavioral Nutrition and Physical Activity,2010(7): 84.

头路的数量、路口间的距离及出行可选择的路线数量进行评价。例如，子问题3：从您家出发有很多不同的路线可以往返各个地方（不需要每次选择同样的路线出行）。该因素更高的评价代表更好的道路通达性。步行骑行设施包括6个子问题，对人行道的数量和安全性进行评价。例如，子问题1：您家附近大部分道路都有人行道。再比如，子问题6：您家附近有斑马线或行人辅助红绿灯协助您过马路。美观性包括5个子问题，对附近的绿地环境、空气与环境清洁度、自然景观及人文景观进行评价。例如，子问题3：您家附近有很多吸引人的自然景观（例如，山水景）。再比如，子问题5：您家附近空气清新、干净，令人感到舒畅。交通安全由3个问题组成，评价附近交通的数量与安全性。例如，子问题1：您家附近的街道交通通畅，令人乐意去步行。社会安全由3个子问题组成，评价社区附近白天与晚上的步行安全性。例如，子问题1：白天在您家附近步行很安全。该6项建成环境因素的得分用其所包含的所有子问题的平均得分代表，评分越高代表该建成环境因素越好。

国际体力活动问卷被广泛用于国内外体力活动研究，本书采用短问卷对老年人休闲性体力活动水平进行评价。评价内容包括步行水平、中度体力活动水平、重度体力活动水平及久坐水平。标准的国际体力活动问题包含7个子问题，但由于其跳跃式的问答/思维方式对老年人并不友好，因此，本章团队在保证调研内容不变的前提下，将原问卷的7个问题合并成4个问题，以便于老年人更为准确地回答问题。例如，原问卷关于重度体力活动水平有2个问题：问题1.最近7天内，您有几天做了剧烈的体育运动，像是提重物、有氧运动或是快速骑车？选项为：每周____天，无相关体育活动（若选择此选项则跳到问题3）。问题2.在这其中一天您通常会花多少时间在剧烈的体育活动上？每天____小时____分钟。本章团队将2个问题合并为1个问题为：最近7天内，您有几天参加了剧烈的体育运动（如有氧健身、跑步、快速骑行、球类活动）？选项：____天/周，____小时/天，无重度体力活动。将问卷进行合并简化可以更为有效地收集老年人休闲性体力活动数据。体力活动问卷数据后期基于IPAQ评分标准被转化为MET值用于评价老年人的休闲性体力活动水平。

统计方法

本章采用频数分析对个人社会学特征数据进行描述。采用独立样本T检验分析杭州与温州两个城市在老年人休闲性体力活动水平和建成环境评分上的差异。采用均值标准差描述建成环境与老年人休闲性体力活动水平。采用多变量线性回归法分析两个城市建成环境与老年人休闲性体力活动的相关性。所使用的统计软件为SPSS19.0（SPSS Inc., Chicago, IL, USA），显著水平为$p < 0.05$。

第三节　研究结果

在杭州市308名老年受试者样本中，以女性居多，占比62.3%，男性相对较少，占比37.7%。大部分老年受试者处于60—79岁，其中70—79岁段老年人人数略多于60—69岁老年人，80岁及以上老年人人数相对较少，占比21.1%。在教育程度方面，大部分受试者为初中或高中水平，初中人数略多于高中人数。小学及以下和大专及以上人数都相对较少。在月收入情况方面，杭州市老年人月收入为4501元以上的人数最多，占比42.9%。月收入为3501—4500元的人数次之，占比38.3%。月收入为3500元以下的人数相对较少。在日常出行方式方面，超过半数的老年人日常出行以汽车或公交车为主，占比高达57.8%。步行老年人数量略高于骑自行车人数。在下肢运动系统疾病方面，70.5%的老年人表示过去半年内无疾病发生，有29.5%的老年人报告有下肢运动系统疾病发生（参见表2.1）。

表2.1　杭州市受试者社会学特征（n=308人）

变量	n(人)	占比(%)
性别		
男	116	37.7
女	192	62.3
年龄(岁)		
60—69	117	38.0
70—79	126	40.9
≥80	65	21.1
教育程度		
小学及以下	50	16.2
初中	117	38
高中	88	28.6
大专及以上	53	17.2
收入情况 (元)		

续表

变量	n（人）	占比（%）
≤1500	6	1.9
1501—2500	9	2.9
2501—3500	43	14.0
3501—4500	118	38.3
≥4501	132	42.9
日常出行方式		
汽车或公交车	178	57.8
自行车	61	19.8
步行	69	22.4
下肢运动系统疾病		
有	91	29.5
无	217	70.5

注：收入情况指受试者每个月的收入。%代表该变量在总体样本中所占的比例。

在受试者男女比例方面，温州市的情况与杭州市类似，也以女性老年人占大部分，占比60.2%。在受试者年龄分布方面，温州市老年人仍以70—79岁老年人居多，占比40.5%，但温州市80岁及以上受访老年人的人数和比例高于杭州，占比32.9%，60—69岁老年人的人数和比例则低于杭州市，占比26.6%。在教育程度方面，从问卷结果可以看出，温州市老年人的教育程度要低于杭州市老年人。温州市老年人以小学及以下的人数最多，占比40.1%，而杭州市的这一比例仅为16.2%。温州市初中学历的老年人人数次之，占比34.9%。高中及以上学历的人数相对较少，合计占比25%。可见，温州市老年人以初中及以下学历为主，而杭州市老年人以初中、高中学历为主。在收入状况方面，从各收入段的占比也可以看出，温州市老年人月收入要低于杭州市老年人。杭州市月收入在3500元以上的老年人占比达到81.2%，而温州市老年人这一收入段的占比为52%。温州市老年人月收入以2501—3500元最多，占比28.6%，3501—4500元月收入的老年人占比28%，4501元以上收入的占比24%。

在日常出行方式方面，温州市老年人以汽车或公交车为主，占比46.4%，这与杭州市老年人以汽车或公交车为主要出行方式的情况一致。但是，温州市以步行作为出行方式的老年人的比例要明显高于杭州市。在温州市，44.7%的老年人日常出行会选择步行方式，而在杭州市，这一比例仅为22.4%。温州市骑自行车出行的老年人仅占比8.9%，远低于杭州市19.8%。分析原因，这一现象一方面可能与温州市受访老年人80岁及以上的人数要多于杭州市有关，年龄较大的老年人骑自行车出行时发生摔倒的风险相对较高。为稳妥起见，老年人更倾向于相对安全的步行出行方式。另一方面可能与杭州市更大的城市规模、更为发达的公共交通系统和市政共享单车系统有关。更大的城市规模使老年人出行面临的是更远的目的地，而公共交通系统和市政共享单车系统为老年人出行提供了便利。杭州市老年人日常出行选择汽车或公交车及骑自行车的人数均高于温州市也间接证明了以上观点。在下肢运动系统疾病方面，温州市老年人过去半年发生过下肢运动系统疾病的人数要高于杭州市老年人，占比42.8%，杭州市的占比为29.5%（参见表2.2）。

表2.2　温州市受试者社会学特征（*n*=304人）

变量	n(人)	占比(%)
性别		
男	121	39.8
女	183	60.2
年龄（岁）		
60~69	81	26.6
70~79	123	40.5
≥80	100	32.9
教育程度		
小学及以下	122	40.1
初中	106	34.9
高中	49	16.1
大专及以上	27	8.9
收入情况（元）		
≤1500	41	13.5
1501~2500	18	5.9
2501~3500	87	28.6
3501~4500	85	28.0
≥4501	73	24
日常出行方式		
汽车或公交车	141	46.4
自行车	27	8.9
步行	136	44.7
下肢运动系统疾病		
有	130	42.8
无	174	57.2

　　注：收入情况指受试者每个月的收入。%代表该变量在总体样本中所占的比例。

根据国际体力活动问卷体力活动水平等级划分，两个城市老年人休闲性体力活动水平均处于中等水平。温州市老年人的休闲性体力活动水平要显著高于杭州市。两个城市的老年人过去7天休闲性体力活动水平的差值为628MET.min/week（参见表2.3）。

表2.3　杭州市与温州市老年人休闲性体力活动水平对比

变量	杭州	温州	t	p
LTPA（MET.min/week）	2048.1±1886.6	2676.7±2386.9	−3.617	<0.001*

注：MET代表代谢当量分数，*代表杭州与温州市存在显著性差异（$p <$ 0.05）。

从杭州市的建成环境评分看，老年人对道路通达性的满意度最高，评分为3.16。根据李克特量表，该建成环境因素采用4分制的评价标准，满分为4分代表对该建成环境非常满意，3分代表对该建成环境因素基本满意，2分代表不太满意，1分代表非常不满意。3.16分表明杭州市老年人对城市道路通达性基本满意。步行骑行设施评分为3.10，排名第二，老年人同样对该建成环境因素表示基本满意。服务便捷性评分为2.94，位列第三，达到基本满意水平。美观性评分为2.71，排名第四，老年人对城市美化满意度尚可。交通安全评分最低，为1.89，代表老年人对杭州市的交通安全状况不太满意，超速、交通拥堵等情况时有发生。这与我国私家车数量激增所带来的一系列交通问题不无关联。社会安全评分为2.37，代表老年人对白天和晚上出行时的人身安全状况处于不太满意和基本满意间，略倾向于不太满意。这可能与杭州市大量的外来人口所带来的社会安全问题有一定关系。

　　土地混合利用度主要反映了从家到不同目的地所需花费的步行时间。该问题采用5级评分。1分代表所需步行时间为1—5分钟；2分代表所需步行时间为6—10分钟；3分代表所需步行时间为11—20分钟；4分代表所需步行时间为21—30分钟，5分代表所需步行时间为30分钟以上。杭州市该建成环境因素评分为2.74，代表老年人从家步行至目的地需要花费11—20分钟（参见表2.4）。

表2.4　杭州市老年人休闲性体力活动水平与建成环境相关性分析

建成环境因素	建成环境各因素得分	B	SE	p
居住密度	674.30±180.40	−0.96	0.58	0.10
服务便捷性	2.94±0.49	−789.51	228.74	0.001*
道路通达性	3.16±0.71	97.45	162.39	0.55
步行骑行设施	3.10±0.39	1016.69	236.44	<0.001*
美观性	2.71±0.57	28.72	193.25	0.88
交通安全	1.89±0.84	256.46	150.43	0.09
社会安全	2.37±0.81	520.49	161.05	0.001*
土地混合利用度	2.74±1.02	27.60	101.217	0.79

　　注：因变量为老年人休闲性体力活动得分，B为回归系数，SE为标准误差，*代表显著水平（$p < 0.05$）。

　　从建成环境与老年人休闲性体力活动的相关性分析结果看，共有三项建成环境因素与老年人休闲性体力活动水平存在相关关系，分别为服务便捷性、步行骑行设施和社会安全。服务便捷性的显著水平为0.001，代表其与老年人休闲性体力活动存在非常显著的相关关系。回归系数为−789.51，代表服务便捷性与老年人休闲性体力活动为负相关，即服务便捷性越低，老年人休闲性体力活动水平越高。这一结果有点令人意外，但也反映了一定问题。我们在结果部分不做展开，下文的讨论部分会对这一结果进行详细分析。步行骑行设施的显著水平为 $p < 0.001$，代表其与老年人休闲性体力活动水平存在非常显著的相关关系。该建成环境因素的回归系数为1016.69，代表步行骑行设施与老年人休闲性体力活动水平为正相关关系，即步行骑行设施越好，老年人休闲性体力活动水平越高。社会安全的显著水平为0.001，代表其与老年人休闲性体力活动水平存在非常显著的相关关系。社会安全的回归系数为520.49，说明社会安全与老年人休闲性体力活动水平的相关关系为正相关，即社会安全越好，老年人休闲性体力活动水平越高。相关分析结果未发现其他5个建成环境因素与老年人休闲性体力活动水平存在相关关系。

从温州市老年人的建成环境各因素评分看，道路通达性评分最高，为3.37。根据李克特量表评分标准，温州市老年人对道路通达性的满意度处于基本满意与非常满意之间，倾向于基本满意。这与杭州市的建成环境评分有一定的相似之处。杭州市的道路通达性同样为各建成环境因素中的最高评分，但杭州市的评分略低于温州。温州的步行骑行设施的评分为3.09，同样位居第二，与杭州市的3.10相当，这代表温州市老年人对步行骑行设施基本满意的态度。服务便捷性评分为2.88，与杭州市一样位居第三。这代表温州老年人对服务便捷性满意度尚可。交通安全的评分为2.29，为所有建成环境因素中的最低分，这与杭州市情况一致。该分数代表老年人对温州市的交通安全状况不太满意。可见，交通安全问题是我国大中型城市所面临的普遍性问题。

社会安全评分为2.68，代表温州市老年人对白天和夜晚出门步行的安全性处于不太满意和基本满意的中间水平。温州的社会安全评分略高于杭州市。美观性评分为2.45，位列倒数第二，仅高于交通安全评价，表明温州市老年人对城市美化评价较低，处于不太满意和基本满意之间，倾向于不太满意。对于土地混合利用度，温州市的评价为2.73，与杭州市相当。这代表温州市老年人从家中步行至目的地需要花费11—20分钟的时间，基本处于可步行范围内。温州市的居住密度为599.1，低于杭州市的674.3，这与杭州市更大的城市规模和人口数量的实际情况相吻合。

就温州市老年人休闲性体力活动水平与各建成环境因素的相关性分析结果看，温州市老年人的休闲性体力活动水平受到更多的建成环境因素影响。5个建成环境因素影响着温州市老年人的休闲性体力活动水平，而杭州仅为3个。5个建成环境影响因素分别为居住密度、步行骑行设施、美观性、交通安全和社会安全。居住密度的统计显著性为$p=0.03$，代表其与老年人休闲性体力活动水平显著性相关；回归系数为4.24，代表居住密度与老年人休闲性体力活动呈正相关关系，即较高的居住密度有利于促进老年人休闲性体力活动水平的提高。步行骑行设施的显著水平为$p=0.001$，表明其与老年人休闲性体力活动水平存在非常显著的相关关系。它的回归系数为1130.47，说明步行骑行设施与老年人休闲性体力活动水平存在正相关，即更好的步行骑行设施有利于老年人休闲性体力活动水平的提高。

美观性的显著水平为$p=0.01$，代表其与老年人休闲性体力活动水平存在显著性相关。其回归系数为863.18，表明美观性与老年人休闲性体力活动水平为正相关关系，即城市的美观性越好，老年人的休闲性体力活动水平则越高。交通安全的显著性为$p=0.03$，代表其与老年人休闲性体力活动水平存在显著性相关。其回归系数为477.58，说明交通安全与老年人休闲性体力活动的关系为正相关，即城市的交通安全状况越好，老年人休闲性体力活动水平越高。社会安全的显著水平为$p < 0.001$，表明其与老年人休闲性体力活动水平存在非常显著的相关关系。其回归系数为1740.41，说明社会安全与老年人休闲性体力活动的相关关系为正相关，即社会安全越好，老年人休闲性体力活动水平越高。此外，线性回归分析的结果未发现其他三项建成环境因素与温州市老年人休闲性体力活动水平存在相关性（参见表2.5）。

表2.5　温州市老年人休闲性体力活动水平与建成环境相关性分析

建成环境因素	建成环境各因素得分	B	SE	p
居住密度	599.10±68.80	4.24	1.86	0.03*
服务便捷性	2.88±0.33	−486.85	405.90	0.23
道路通达性	3.37±0.48	−36.57	269.64	0.89
步行骑行设施	3.09±0.38	1130.47	347.56	0.001*
美观性	2.45±0.40	863.18	332.04	0.01*
交通安全	2.29±0.62	477.58	219.17	0.03*
社会安全	2.68±0.45	1740.41	294.04	<0.001*
土地混合利用度	2.73±0.55	−201.36	239.80	0.40

注：因变量为老年人休闲性体力活动得分，B为回归系数，SE为标准误差，*代表显著水平（$p < 0.05$）。

杭州市与温州市的建成环境评分对比结果表明，两个城市在5项建成环境因素评分上存在显著性差异，分别为居住密度、道路通达性、美观性、交通安全和社会安全。在居住密度方面，杭州市显著高于温州市，这与杭州市的城市规模和人口数量大于温州有关。温州市的道路通达性评分显著高于杭州市，两座城市的评分相差0.21，这表明温州市老年人感知的住宅附近的道路通达性要略好于杭州市老年人所感知到的。在城市美观性方面，杭州市的评分显著高于温州市，两者评分相差0.26，这表明杭州市老年人对城市的美观性满意度更高。

在交通安全方面，温州市的评分显著高于杭州市，两者相差0.4。两座城市的交通安全评分均为所有建成环境因素中评价最低的因素，这也反映我国当前大中型城市中所普遍存在的交通安全问题。随着我国经济的飞速发展，私家车保有量呈现指数型增长，交通拥堵及随之而来的交通安全问题已成为我国大中型城市所面临的普遍性问题。老年人对自身出行的交通安全忧虑也越来越严重。相对而言，温州市老年人所感知到交通安全状况要略好于杭州市。在社会安全方面，温州市的社会安全评分显著高于杭州市，这表明温州市老年人对于白天和夜晚出行的安全问题要好于杭州市。这在一定程度上可能与杭州市有更大规模的外来人口有关（参见表2.6）。

表2.6 温州市与杭州市建成环境评分对比

变量	杭州市	温州市	t	p
居住密度	674.30±180.40	599.10±68.80	6.817	<0.001*
服务便捷性	2.94±0.49	2.88±0.33	1.645	0.101
道路通达性	3.16±0.71	3.37±0.48	−4.447	<0.001*
步行骑行设施	3.10±0.39	3.09±0.38	0.431	0.667
美观性	2.71±0.57	2.45±0.40	6.437	<0.001*
交通安全	1.89±0.84	2.29±0.62	−6.633	<0.001*
社会安全	2.37±0.81	2.68±0.45	−5.735	<0.001*
土地混合利用度	2.74±1.02	2.73±0.55	0.188	0.851

注：*代表杭州与温州在该建成环境因素存在显著性差异（$p < 0.05$）。

第四节　讨　论

本章的目的是通过对所收集的问卷数据进行一般线性回归分析，探讨杭州市和温州市的建成环境因素与老年人休闲性体力活动的相关性。并且，尝试通过对比两个城市的建成环境评分与老年人休闲性体力活动水平差异，为深入探讨建成环境对老年人休闲性体力活动水平的影响提供新思路和新视角。

步行骑行设施

两座城市的回归结果均表明良好的步行骑行设施有利于促进老年人参与更多的休闲性体力活动。杭州市步行骑行设施的显著水平为 $p <$ 0.001，温州市建成环境因素的显著水平为 $p=0.001$，两座城市的步行骑行设施与老年人休闲性体力活动水平均存在非常显著的相关关系。两座城市建成环境因素的回归系数均为正值，表明其与老年人休闲性体力活动水平存在显著的正相关关系。本书认为，随着年龄的逐渐增长，老年人的本体感觉能力和身体平衡能力在逐年下降，这导致老年人对住宅附近环境的物理障碍极为敏感。糟糕的步行骑行设施可能使老年人对出门锻炼产生畏惧心理，进而阻碍其参与休闲体育锻炼。反之，良好的步行骑行设施能够帮助老年人克服出门锻炼时的恐惧，促

进其休闲性体力活动水平的提高。[①]

这一研究结果与国内其他研究结果相一致。孙等人采用国际体力活动问卷（IPAQ）与简化版邻近环境步行量表（NEWS-A）对西安市728名成年人进行调查研究后发现：男性受访者的步行骑行评分为2.7，女性受访者的步行骑行评分为2.8，两者不存在显著性差异。回归结果表明，男性成年人的步行骑行评分与休闲性体力活动水平存在显著性相关，显著水平为$p=0.01$。其回归系数为1227.71，表明步行骑行评分与男性休闲性体力活动水平的相关关系为正相关，即步行骑行评分越高，男性的休闲性体力活动水平越高。这与本章结果相一致。女性成年人的步行骑行评分与其休闲性体力活动水平未发现存在相关关系。孙等人认为，随着中国经济的发展，在西安这样的大城市，私家车的数量与日俱增。而步行骑行设施为人们在上下班高峰期出行至不太远的目的地提供了新选择。因此，良好的步行骑行设施对休闲性体力活动有着积极的影响。[②]

国外研究同样强调了步行骑行设施对老年人体力活动水平的影响。在2017年发表的一篇综述性文章中，班纳特（Barnett）等对之前发表的100多篇文献进行荟萃分析（meta-analysis）后提出，有强有力的证据表明步行骑行设施（walkability）与老年人体力活动水平存在显

---

① FORSYTH A, OAKES J M, LEE B, et al. The built environment, walking, and physical activity: Is the environment more important to some people than others? [J]. Transportation Research Part D-Transport and Environment, 2009(14):42－49.

② SUN Y, HE C, ZHANG X, et al. Association of built environment with physical activity and physical fitness in men and women living inside the city wall of Xi'an, China[J]. International Journal of Environmental Research and Public Health, 2020(17):4940.

著性相关关系，显著水平为$p<0.001$。并且，他还提出，步行骑行设施与老年人的步行水平也存在显著性相关关系，显著水平为$p=0.001$。他之所以认为有强有力的证据证明步行骑行设施与老年人体力活动水平及步行水平的相关关系，是因为无论采用客观还是主观的测试方法收集老年人的体力活动水平及建成环境因素数据，这种关系依然存在。[1]

社会安全

社会安全是杭州市与温州市老年人休闲性体力活动水平的另一共同的建成环境影响因素。杭州市社会安全的显著水平为$p=0.001$，温州市社会安全的显著水平为$p<0.001$。两座城市的回归系数均为正值，代表社会安全与老年人休闲性体力活动水平呈正相关关系，即社会安全越好，老年人休闲性体力活动水平越高。这与海外及中国香港地区的研究结果相一致。斯特拉斯（Strath）等人在5个社区随机招募了平均年龄为64.3岁的158名老年人，采用问卷调查的方式收集老年人所感知的建成环境因素，并采用加速度计的方式收集体力活动数据。研究后发现，住宅附近犯罪标识的出现及街道安全性与老年人体力活动水平存在显著性相关。其中，犯罪标识的显著水平为$p=0.031$，回归系

① BARNETT D W, BARNETT A, NATHAN A, et al. Council on Environment and Physical Activity (CEPA)—Older Adults working group. Built environmental correlates of older adults' total physical activity and walking: A systematic review and Meta-analysis [J].International Journal of Behavioral Nutrition and Physical Activity, 2017(4):14.

数为 0.4785；街道安全性的显著水平为 $p=0.006$，回归系数为 26.8。这表明社会安全与老年人体力活动水平存在正相关关系。他认为社会安全的提高有利于促进老年人体力活动的增加。[①]

在我国香港地区，塞林等人在 2007—2008 年采用国际标准的体力活动问卷和建成环境问卷收集了来自 32 个不同社区的 484 名老年人的建成环境与休闲性体力活动数据。研究发现，老年人不参加休闲性体力活动的概率与社会犯罪率存在显著性相关，显著水平为 $p<0.01$，回归系数为 1.52，95% 置信区间为 1.13—2.07。这表明社会犯罪率与老年人不参加休闲性体力活动概率呈现正相关关系，即社会安全越差，老年人休闲性体力活动水平越低。他还发现，社会犯罪率与老年人休闲性步行水平存在显著性相关关系。社会犯罪率越高，老年人休闲性步行水平越低。因此，他提出，良好的社会安全能够促进老年人参与休闲性体力活动及休闲性步行。[②]

然而，我国内地的其他研究人员并未发现社会安全与年轻人或者老年人休闲性体力活动水平存在相关性。苏等人于 2012—2013 年对 1440 名 25—59 岁的成年人进行了随机抽样，采用国际体力活动问卷（IPAQ）和简化版邻近环境步行量表（NEWS-A）收集了休闲性体力活动水平和建成环境因素。研究发现，社会安全与成年人休闲性体力活

① STRATH S J, GREENWALD M J, ISAACS R, et al. Measured and perceived environmental characteristics are related to accelerometer defined physical activity in older adults [J]. International Journal of Behavioral Nutrition and Physical Activity, 2012, 9(9).

② CERIN E, LEE K Y, BARNETT A, et al. Objectively-measured neighborhood environments and leisure-time physical activity in Chinese urban elders[J].Preventive Medicine, 2013(56):86-89.

动水平并不存在显著性相关。社会安全与男性休闲性体力活动水平的相关性显著水平为$p=0.97$，与女性休闲性体力活动水平的相关性显著水平为$p=0.51$，均不存在显著性相关关系。社会安全与男性休闲性步行水平的相关性显著水平为$p=0.90$，与女性休闲性步行水平的相关性显著水平为$p=0.74$，也均不存在显著性相关关系。他提出，较好的城市美观性、较低的居住密度等建成环境因素能够促进成年人的休闲性体力活动水平提高。[①]

在南京针对老年人的调查研究也未发现社会安全与老年人休闲性体力活动水平存在关联。吴等人于2016年5—8月采用随机抽样法对南京市19个社区的450名60岁及以上老年人进行调研，采用国际标准的体力活动和建成环境评价问卷一对一地收集调研数据，最终有效样本量为399份。研究发现，道路通达性与步行骑行设施两个建成环境因素及居民月收入这一人口社会特征与老年人休闲性体力活动水平存在显著性相关关系。道路通达性的显著水平为$p=0.003$，回归系数为7.34，表明道路通达性越好，老年人休闲性体力活动水平越高。步行骑行设施中的人行道坡度与老年人休闲性体力活动相关的显著水平为$p=0.02$，回归系数为-7.72，即人行道坡度越低，老年人休闲性体力活动水平越高。但是，这篇研究未发现老年人休闲性体力活动水平与社会安全存在显著性相关关系。[②]

---

① SU M, TAN Y Y, LIU Q M, et al. Association between perceived urban built environment attributes and leisure-time physical activity among adults in Hangzhou, China[J]. Preventive Medicine, 2014(66):60-64.

② WU Z J, SONG Y L, WANG H L, ZHANG F, LI F H, WANG Z Y. Influence of the built environment of Nanjing's Urban Community on the leisure physical activity of the elderly: An empirical study[J]. BMC Public Health, 2019(19): 11.

本章认为，社会安全是杭州市与温州市老年人休闲性体力活动水平的影响因素，这与海外及中国香港地区的研究结果相一致，但与内地其他的研究结果不一致。根据美国民调公司盖洛普（Gallup）于2020年发布的《全球安全报告》（*Global Law and Order*）[1]，中国的法律与秩序指数为94，高居全世界第三位。该报告由盖洛普公司组织发起调查，对2019年144个国家的近17.5万成年人进行了问卷调查。安全性排名并列第一的国家是新加坡和土库曼斯坦，法律与秩序指数同为97。安全性最差的国家是正处于战乱中的阿富汗，法律与秩序指数仅为43。法律与秩序指数的调查问题包括：（1）在你生活的城市或地区，你对当地警察的执法能力有信心吗？（2）在你生活的城市或地区，晚上独自出行时你是否感觉到安全？（3）在过去12个月间，你或你的家人是否有发生过钱物失窃？（4）过去12个月间，你有被行凶吗？基于该报告所调研的问题和调研人数，我们认为美国权威民调机构盖洛普的安全报告具有相当的说服力。基于我国在《全球安全报告》中的高排名，本书认为，我国内地社会安全是否老年人休闲性体力活动的影响因素有待进一步研究确定。

交通安全

交通安全是杭州市与温州市所有建成环境因素中评分最低的因素。杭州市的交通安全评分为1.89，代表老年人对杭州市的交通安全状况的态度处于不太满意和非常不满意间，倾向于不太满意。温州市

---

[1] GALLUP INC. Global Law and Order [R]. Omaha, NE : Gallup Inc., 2020：3.

的交通安全评分为2.29，代表老年人对温州市的交通状况的态度处于不太满意和基本满意间，同样倾向于不太满意。线性结果发现，温州市老年人的休闲性体力活动水平与交通安全评分存在显著性相关，显著水平为$p=0.03$，回归系数为477.58。这一结果表明交通安全与老年人休闲性体力活动水平存在显著性正相关，即交通安全状况越好，老年人休闲性体力活动水平越高。杭州市老年人休闲性体力活动水平与交通安全不存在显著性相关，显著水平为$p=0.09$。本书认为，当前在我国私家车数量激增的大背景下，交通安全问题是我国大中型城市所面临的普遍问题。交通安全问题不仅影响老年人的日常出行，而且影响其休闲性体力活动水平，对年轻人和中年人同样产生了不容忽视的影响。这种影响一方面体现在出行方式的改变，另一方面体现在对其参与休闲体育锻炼等行为的影响。

本章研究结果与国内外其他研究结果相一致。在北美地区，穆德（Mahmood）等人对加拿大温哥华市的4个社区的34名老年人及美国波特兰市4个社区的32名老年人进行了访问调查，并用相机记录了老年人住宅附近的建成环境。所调研的建成环境包括7个方面：安全性（being safe and feeling secure）、道路通达性（getting there）、道路状况（comfort in movement）、目的地多样性（diversity of destinations）、社区指导（community-based programs）、邻里协助（peer support）和家人/志愿者行为（intergenerational/volunteer activities）。其中，安全性、道路通达性、道路状况、目的地多样性被归为建成环境的物理因素，邻里协助、家人（志愿者）行为被归为社会学因素。走访调研发现，交通障碍是老年人参与休闲性步行的明显阻碍因素。超速行驶的汽车、拥堵的交通和不遵守交通法规的驾驶员都会使老年人在社区里步行时感到不安和紧张。此外，在人行道和十字路口，缺少对老年人即将面临的交通状况的提示也是两座城市老年人共同的困扰（见图2.1）[①]。

图2.1　加拿大温哥华市与美国波特兰市交通状况实景

注：左侧图片反映了加拿大温哥华市糟糕的步行交通环境，右侧图片反映了美国波特兰市的步行障碍。[1]

美国的另一项研究也提示，安全的交通环境有利于成年人体力活动水平的提高。卡钦斯基（Kaczynski）等人对美国堪萨斯市的893名成年人进行了随机抽样调查研究，采用问卷形式调查成年人的公园使用情况及相应的体力活动，并记录了每名受访者家附近的十字路口密度。此外，他们还采用了网络分析法确定受访者是否需要穿过时速为35英里/小时的道路以到达最近的公园。研究发现，相对于那些必须穿过时速较高道路到达公园的成年人，穿过时速较低道路即能到达公园的成年人有更高的概率去公园参与体育锻炼。两者对比的优势率

① MAHMOOD A,CHAUDHURY H,MICHAEL Y L, et al. A photovoice documentation of the role of neighborhood physical and social environments in older adults' physical activity in two metropolitan areas in North America[J]. Social Science & Medicine. 2012(74):1180–1192.

（odds ratio，OR）为1.47，95%置信区间为1.05—1.92，即前者是后者的1.47倍。此外，这项研究还发现，住宅附近十字路口密度较高（十字路口密度按由低到高排序后处于50%—75%及76%—100%的水平）的成年人去公园的概率高于住宅附近十字路口密度较低（十字路口密度按由低到高排序后处于前25%的水平）的成年人。优势率为1.76—2.34，显著水平为$p<0.05$。因此，他们提出，政府在进行市政建设时，除了要考虑公园的距离和公园设计外，确保成年人能够直接安全地到达公园及道路限速政策对促进成年人公园体育锻炼行为同样至关重要。[①]

在亚洲，印度的一份调查研究同样强调了交通安全性对休闲性体力活动水平的重要影响。辛格哈尔（Singhal）等人对首都新德里的603名年龄为22—64岁的健康印度男性的休闲性体力活动水平进行了问卷调查，并确定了147名男性的休闲性体力活动处于久坐状态。随后展开了对这147名男性休闲性体力活动阻碍因素的问卷调查。调查发现，有18%的久坐者认为住宅附近存在高速行驶的车辆是他们参与休闲性体力活动的阻碍因素。其中，13%的久坐者对这一观点表示了强烈认同，另有5%的久坐者对这一观点表达了部分认同的态度。除交通安全因素外，未被拴住的狗、高度的污染、住宅附近没有公园、糟糕的路面及夜间照明、高犯罪率等均是休闲性体力活动的阻碍因素。其中，未被拴住的狗在所有建成环境阻碍因素中排名第一，有24%的受访者认同这一观点。在个人因素方面，缺少时间在所有个人因素中排名第

---

① KACZYNSKI A T, KOOHSARI M J,STANIS S A W, et al. Association of street connectivityand road traffic speed with park usage and park-based physical activity[J]. American Journal of Health Promotion, 2014(28):197-203.

一。70%的受访者认同缺少时间是其不参与休闲性体力活动的主要原因。[①]

本章认为，良好的交通安全状况能够令老年人在进行户外活动时感到安全，促进老年人参与休闲性体力活动。这提示市政部门应当及时采取有效措施切实保障城市的交通安全，为居民日常出行保驾护航。虽然只在温州市发现交通安全是老年人休闲性体力活动水平的影响因素，但杭州市的交通安全状态同样不容乐观，其交通安全评分甚至低于温州市。杭州老年人对城市的交通安全状况表达出不太满意的态度。因此，改善我国大中城市交通安全状况，营造一个良好的交通出行氛围，对促进老年人参加休闲体育锻炼，提高身体健康水平，积极应对人口老龄化至关重要。

美观性

本章发现，优美的城市环境有利于促进老年人休闲性体力活动水平的提高。温州市的建成环境美观性评分为2.45，代表老年人对美观性的态度处于不太满意和基本满意间，倾向于不太满意。回归结果表明，温州市老年人休闲性体力活动与美观性存在显著性相关，显著水平为$p=0.01$。回归系数为863.18，代表城市的美观性与老年人休闲性体力活动呈显著性正相关，即城市美观性越好，老年人休闲性体力活动水平越高。杭州市的建成环境美观性评价为2.71，表明杭州市老年人对城市美观性的态度处于不太满意和基本满意之间，但与温州市不

① SINGHAL N, SIDDHU A. Barriers to leisure-time physical activity in Asian Indian men[J]. Public Health, 2014, 128(8):749-751.

同的是，其更倾向于基本满意。回归结果表明美观性与杭州市老年人休闲性体力活动水平不存在显著性相关，显著水平为$p=0.88$。两个城市在美观性评分的对比结果表明，杭州市的美观性评分要显著高于温州市，显著水平为$p<0.001$，即杭州市老年人对城市美观性的评价要显著好于温州市老年人。

综合考虑回归结果与对比结果，可能提示当老年人对城市美观性满意度不高时，城市美观性会成为老年人休闲性体力活动的影响因素。当老年人对城市美观性基本满意时，美观性不会成为老年人参与休闲体育锻炼的主要考量，其他建成环境因素则是老年人参与休闲性体力活动时所主要考虑的因素，如杭州市的服务便捷性、步行骑行设施等。总之，良好的城市美观性能够使老年人在进行户外休闲体育锻炼时保持好心情，这有利于帮助其克服其他建成环境因素所引起的紧张情绪，如糟糕的步行道路状况和交通安全状况。心情的放松舒畅使老年人怀有参与休闲体育锻炼的激情，能促进休闲性体力活动水平的提高。

城市美观性提高老年人休闲性体力活动水平的结果与国内外研究结果相一致。余等人[1]在2017年4—7月对我国深圳市坪山区1002名年龄在18—69岁的成年人进行了调研，分别采用国际标准的体力活动问卷和邻近环境步行量表收集成年人休闲性体力活动数据和建成环境数据。研究发现，城市美观性与成年人休闲性步行水平和休闲中高强度体力活动呈显著性正相关关系。休闲性步行的回归系数为1.81，经受

----

① YU T, FU M, ZHANG B, et al. Neighbourhood built environment and lei-sure-time physical activity: A cross-sectional study in southern China[J]. European Journal of Sport Science, 2020(2): 1–8.

试者人口社会学特征数据调整后的回归系数降低到 1.69，仍存在显著性相关关系。休闲中高强度体力活动的回归系数为 1.82，经人口社会学特征调整后的系数降为 1.79，仍存在显著性相关关系。

对比结果发现，每周休闲性步行时间超过 150 分钟的活跃成年人的美观性评分显著高于不活跃成年人。活跃成年人的美观性评分为 2.99，不活跃成年人的美观性评分为 2.53，两者相差 0.46，显著水平为 $p<0.001$。此外，每周休闲中高强度运动时间超过 150 分钟的活跃成年人的美观性评分显著高于不活跃成年人。活跃成年人的美观性评分为 3.01，不活跃成年人的美观性评分为 2.54，差距为 0.47，显著水平为 $p<0.001$。这项研究还指出，国内外大量研究已经表明优美的城市环境能够促使居民参与休闲性体力活动，例如步行、骑自行车、跑步等。而造林是构建优美城市环境的关键。相关政府部门在城市规划过程中应当充分考虑这一点。此外，城市美观性与休闲性体力活动水平的关系会受到人口社会学特征的影响，两者之间的相关性更容易在低收入、低教育人群中被发现。

在国外，美观性也被证明是居民休闲性体力活动的影响因素。豪瑞吉（Jauregui）等[1]于 2011 年对墨西哥库埃纳瓦卡地区 677 名 20—64 岁的成年人进行了调查研究，采用国际标准的体力活动长问卷和建成环境问题收集相关实验数据。研究发现，城市美观性与休闲性步行、休闲中高强度运动的参与度和时间呈显著性相关，并且美观性与休闲性步行参与度和时间的相关性表现出人口社会学差异。城市美观性的

---

① JAUREGUI A, SALVO D, LAMADRID-FIGUEROA H, et al. Perceived neighborhood environmental attributes associated with leisure-time and transport physical activity in Mexican adults[J]. Preventive Medicine, 2017(103): 21-26.

改善能够提高社会经济地位较低人群休闲性步行的参与度和时间。具体表现在，社会经济地位较低人群的休闲性步行参与度与美观性的回归系数为2.23，社会经济地位中等人群的回归系数为1.53，社会经济地位中高人群的回归系数为1.27，社会经济地位较高人群的回归系数为0.89。城市美观性对成年居民休闲性步行参与度的影响表现出随社会经济地位提高而递减的趋势。

这项研究认为这一结果可能有以下两点提示：第一，城市美观性可能是居民参与不同类型休闲性体力活动（例如，步行和中高强度运动）的决定因素，但并不是休闲性步行的影响因素，尤其对于社会经济地位较高的人群而言。第二，社会经济地位较低人群可能对环境对体力活动的影响更为敏感。这是因为社会经济地位较低的人出行时间更多并且在所居住社区外出的机会也更多，因此他们对附近的居住环境体验更多。对周围环境更多的体验导致了社会经济地位较低人群的环境对体力活动的影响更为明显。

居住密度

温州市的调研结果提示较高的居住密度有利于老年人休闲性体力活动水平的提高。温州市的居住密度为599.1，与老年人休闲性体力活动的相关分析显著水平为$p=0.03$，回归系数为4.24。这表明，温州市老年人的休闲性体力活动水平与居住密度呈显著性正相关，即居住密度越高，老年人休闲性体力活动水平越高。杭州市的居住密度为674.3，显著高于温州市的居住密度。两个城市居住密度的差值为75.2，差异显著水平为$p<0.001$。居住密度的差异与两座城市在经济规

模和人口数量的差异有关。杭州市居住密度与老年人休闲性体力活动水平并不存在显著性相关，显著水平为$p=0.10$，回归系数为-0.96。

温州市较高的居住密度能够促进老年人休闲性体力活动水平提高的研究发现与国内外一些研究结果相一致，但也与我国一些研究结果不一致。博阿凯（Boakye）等人[①]对比低居住密度城市澳大利亚布里斯班市和高居住密度城市中国香港地区老年人的休闲性步行水平和建成环境数据后提出，高居住密度地区的老年人休闲性步行水平显著高于低居住密度地区老年人。这项研究收集了澳大利亚布里斯班市793名老年人和中国香港地区484名老年人的每周休闲性步行和交通步行时间以及老年人关于住宅与12个目的地的感知距离数据。研究发现，相对于布里斯班市老年人，香港地区老年人参与休闲性步行和交通步行的概率更高。香港地区老年人每周休闲性步行的时间为331.1分钟，标准差为380.5分钟。布里斯班市老年人每周休闲性步行的时间为147.4分钟，标准差为187.3分钟。两座城市老年人休闲性步行时间存在显著性差异，显著水平为$p<0.001$。相对于布里斯班市老年人，香港地区老年人休闲性步行的概率的估计优势比（odds ratio estimate，ORs）为1.51，95%置信区间为1.16—1.96，显著水平为$p<0.01$。

这项研究还发现，香港地区老年人的交通步行时间也显著高于布里斯班市老年人。香港地区老年人每周交通步行的时间为569.5分钟，标准差为452.2分钟。布里斯班市老年人每周交通步行的时间仅为25.7

---

① BOAKYE-DANKWA E, NATHAN A, BARNETT A, et al. Walking behaviour and patterns of perceived access to neighbourhood destinations in older adults from a low-density (Brisbane, Australia) and an ultra-dense city (Hong Kong, China) [J]. Cities, 2019(84):23-33.

分钟，标准差为84.2分钟。两座城市老年人交通步行时间存在显著性差异，显著水平为$p<0.001$。香港地区老年人参与交通步行的概率远大于布里斯班市老年人。与布里斯班市相比，香港地区的优势比为50，95%置信区间为33.33—100，显著水平为$p<0.001$。这项研究认为，两座城市在老年人休闲性步行和交通步行时间的显著性差异可能与居住密度不同引起的服务便捷性有关。两座城市在服务便捷性的最大差异体现在距离住宅5—10分钟步行路程的目的地上，例如，便利店、商业与教育相关目的地及健康相关的目的地。这种类型的目的地在高居住密度地区处于住宅附近400—800米的距离范围内，而在低居住密度地这是不可能的。因此，他们认为，在低居住密度地区政府应当致力于提高往返目的地的服务便捷性，这有利于老年人步行水平的提高。

在美国，同样有研究发现居住在高密度地区老年人的步行水平显著高于居住在低密度地区老年人的步行水平。西乌（Siu）等[①]在1986年开展的一项多研究中心参与的国家调查中，采用地理信息系统（GIS）软件和问卷收集了波特兰市2005名女性老年人住宅附近的建成环境数据和步行数据。研究发现，与生活在市中心的女性老年人相比，那些生活在城市边缘地区和城市外围的女性老年人每周步行时间明显更低。与市中心相比，城市边缘地区的优势比为0.40，城市外围地区的优势比为0.69。生活在卫星城市的女性老年人的步行水平也低于市中心女性老年人，优势比为0.53，但没有统计学上的显著性。

---

① SIU V W, LAMBERT W E, FU R, et al. Built environment and its influences on walking among older women: Use of standardized geographic units to define urban forms [J]. Journal of Environmental and Public Health, 2012(20):31—41.

他们认为，高居住密度地区所带来的高密度的人口、高度发达的道路通达性和服务便捷性（更为便利地到达商业地区和交通设施）使得居住在这里的女性老年人有更大可能去参与休闲性步行或交通步行。高居住密度地区商业设施及公园等的存在为人们出行提供了可行的目的地。同样的，高居住人口密度为这些公共设施的日常维持提供了可能。此外，低居住密度地区女性老年人的步行数据也表现出了一定的地理特征。不能便利到达商业设施的女性老年人比不能便利到达公园的女性老年人更有可能参与步行。这一结果可能提示在低居住密度地区，商业设施便捷性对女性老年人行动的促进作用要大于公园便捷性。

在我国，同样有研究证明较高的居住密度有利于提高成年人体力活动水平。周等人[①]于2010年10月至2011年6月对上海市位于市中心和郊区的两所高中的家长进行了调查研究。采用国际标准的简化版邻近环境步行量表（NEWS-A）收集建成环境数据，并分别采用国际体力活动标准问卷及加速计收集体力活动数据。共发放问卷515份，有效回收问卷478份。在327名同意佩戴计步器的双亲家庭家长中，最终回收有效数据为235份。研究发现，上海市更高的居住密度与中年人休闲性体力活动水平呈显著性相关。居住在市中心的中年人的休闲性体力活动水平显著高于居住在郊区的中年人，显著水平为$p < 0.05$。与郊区中年人相比，市中心中年人休闲性体力活动的优势比为2.11，95%置信区间为1.100—4.048。这表明市中心中年人的休闲性体力活动水平

---

① ZHOU R, Li Y, UMEZAKI M, et al. Association between physical activity and neighborhood environment among middle-aged adults in Shanghai[J] Journal of Environmental and Public Health, 2013(23):95.

是郊区中年人休闲性体力活动水平的2.1倍。

此外，市中心中年人的交通体力活动水平也显著高于郊区中年人。与郊区中年人相比，市中心中年人交通性体力活动的优势比为2.127，95%的置信区间为1.212—3.734，表明市中心中年人交通性体力活动水平是郊区中年人交通性体力活动的2.1倍。体力活动与建成环境因素的回归结果表明，居住密度的回归系数为1.003，95%置信区间为1.001—1.005。这表明居住密度越高，中年人休闲性体力活动水平越高。此外，这项研究还发现，道路通达性与中年人休闲性体力活动水平呈显著性相关，回归系数为0.599，95%置信区间为0.366—0.980，表明道路通达性与中年人休闲性体力活动呈负相关，即道路通达性越高，中年人休闲性体力活动水平反而越低。

我国另有一些研究发现居住密度与居民体力活动的相关关系为负相关，即居住密度越低，居民的体力活动水平越高。苏等人[①]于2012年6月至9月对杭州市30个社区的1440名25—59岁成年人进行了调查研究，分别采用国际体力活动问卷（IPAQ)和简化版邻近环境步行量表(NEWS-A)收集成年人的体力活动数据和建成环境数据。研究发现，女性休闲性步行时间与居住密度呈显著性相关，显著水平为$p=0.03$，回归系数为-0.5。这表明居住密度与女性休闲性步行时间呈显著性负相关，即居住密度越低，女性休闲性步行时间越长。但是，并未发现男性休闲性步行时间、男性和女性的休闲性体力活动时间与居住密度存在显著性相关。这项研究还发现男性休闲性体力活动时间与体育锻炼

---

① SU M, TAN Y Y, LIU Q M, et al. Association between perceived urban built environment attributes and leisure-time physical activity among adults in Hangzhou, China[J]. Preventive Medicine,2014(66): 60-64.

设施的便捷性存在显著性相关，显著水平为 $p=0.01$，回归系数为 126.5，代表男性休闲性体力活动时间与体育锻炼设施便捷性呈显著性正相关。体育锻炼设施的便捷性越好，男性休闲性体力活动时间越多。女性休闲性体力活动时间与城市美观性呈显著性相关，显著水平为 $p=0.01$，回归系数为 310.2，代表女性休闲性体力活动时间与城市美观性呈显著性正相关。城市美观性越好，女性休闲性体力活动时间越多。

对于居住密度与女性休闲性步行时间呈显著性负相关这一结果，这项研究解释道，虽然有前人认为居住密度与居民的体力活动水平呈正相关关系，但这主要是因为较高的居住密度通常和更近的十字路口、更高的土地混合利用度及离目的地更近相挂钩。居住密度自身并不能直接促进体力活动水平的提高。国外采用荟萃分析法（meta-analysis）的综述性研究①也认为居住密度只和交通性行为存在微弱的相关关系。在中国，较高的居住密度可能意味着体育锻炼设施的减少及居民对交通安全担忧的提高，这会成为居民参与休闲性体力活动的阻碍因素。此外，杭州市上城区、下城区（已于2021年并入拱墅区）和西湖区的居住密度分别为每平方千米18156、12935、2394人，这一数据明显高于发达国家每平方千米500人的数据，这也可能是造成不同的国家在居住密度与休闲性体力活动水平相关性上存在差异的主要原因。本章虽然也发现杭州市居住密度与老年人休闲性体力活动水平存在负相关关系，这与苏等人研究结果相一致，但本章的杭州市这一指

---

① EWING R, CERVERO R.Travel and the built environment: A meta-analysis [J]. Journal of The American Planning Association, 2010(76): 265-294.

标的显著水平为$p=0.10$，不具有显著性。两项研究在受试者年龄上也存在差异。苏等人的研究对象为年龄为25—59岁的成年人，本章的研究对象为年龄在60岁及以上的老年人。基于以上两点，本章不再对杭州市居住密度与居民体力活动水平的关系做进一步讨论。

服务便捷性

本章发现杭州市的服务便捷性与老年人休闲性体力活动水平显著性相关，显著水平为$p<0.001$，回归系数为-789.51，这表明杭州市的服务便捷性与老年人休闲性体力活动水平呈显著性负相关，即服务便捷性越低，老年人休闲性体力活动水平越高。这一研究结果令人感到意外，因为通常人们认为较好的服务便捷性能够促进老年人参与更多的休闲性体力活动，国内外研究也证明了这一点。下文我们将结合衡量不同目的地与住宅距离的土地混合利用度数据对杭州市的这一结果进行解释。温州市的服务便捷性与老年人休闲性体力活动不存在显著性相关，显著水平为$p=0.23$，回归系数为-486.85。

虽然回归结果表明，服务便捷性与杭州市老年人休闲性体力活动水平存在显著性负相关关系，但老年人对服务便捷性的评分并不低。杭州市服务便捷性的评分为2.94，表明老年人对杭州市的服务便捷性表现出基本满意的态度。杭州市土地混合利用度的评分为2.74，表明老年人从家步行至目的地平均所需花费的时间处于5—10分钟及11—20分钟。我们可以粗略地认为老年人步行至目的地大约需要花费10分钟的时间，这一步行距离完全处于老年人身体可承受的步行范围内。此时，略低的服务便捷性意味着老年人需要花更多的时间才能步行至商业设施、交通设施及休闲体育设施。处于老年人可步行范围内但又略远的服务设施能够提高老年人休闲性步行水平。因此，本章发现杭州市服务便捷性与老年人休闲性体力活动水平呈显著性负相关。

本章的发现与国外研究结果存在一定分歧。博纳科尔西（Bonac-corsi）等[①]于2020年发表的综述性研究认为服务便捷性与老年人体力活动水平呈显著性正相关，即较高的居住密度能够促进老年人参与更多的体力活动。这篇文章主要对2020年前已经发表的探讨建成环境对老年人体力活动影响的综述类文献进行综述。搜索的数据库包含PubMed/MEDLINE，EMBASE，Cochrane Library，Scopus，Avery Index，Sage Journals，Web of Science，Health Evidence。关键词搜索后确定2754篇文献，阅读摘要后排除2646篇文献，全文阅读后排除75篇文献，剔除重复文献排除11文献，最终有11篇综述类文献纳入研究范围。

对于休闲性步行和休闲性体力活动，范考文博格（Van Cauwenberg）等人于2018年发表的综述认为，服务便捷性对其有积极的影响。服务便捷性的指标包括：公共交通的便捷性、娱乐设施的便捷性、公园等开放场所的便捷性。对于整体体力活动，多篇研究综述认为服务便捷性对其有积极的促进作用。其中，Barnett等（2017）[②]、Levasseur等

---

① BONACCORSI G, MANZI F, DEL RICCIO M, et al. Impact of the Built Environment and the Neighborhood in Promoting the Physical Activity and the Healthy Aging in Older People: An Umbrella Review[J]. International Journal of Environmental Research and Public Health, 2020,17(6):127.

② BARNETT D W, BARNETT A, et al. Built environmental correlates of older adults' total physical activity and walking: A systematic review and meta-analysis[J]. International Journal of Behavioral Nutrition and Physical Activity,2017(14): 23.

（2015）①、Moran 等（2014）②、Tuckett 等（2018）③所发表的综述认为公共交通的便捷性与体力活动水平存在显著性正相关；Barnett 等（2017）、Levasseur 等（2015）、Moran 等（2014）、Yen 等（2009）④发表的综述认为公园等开放场所的便捷性与体力活动水平存在显著性正相关；Barnett 等（2017）、Levasseur 等（2015）、Moran 等（2014）、Tuckett 等（2018）发表的综述认为娱乐设施的便捷性与体力活动存在显著性正相关。因此，博纳科尔西等人认为，包含公共交通、娱乐设施、公园等开放场所的服务便捷性能够显著地促进老年人体力活动水平的提高。城市的服务便捷性水平越高，老年人休闲性体力活动水平越高。

此外，Cerin 等（2017）发表的综述指出，公共交通、公园等开放场所、商店、快餐店等服务设施便捷性与老年人交通性体力活动

① LEVASSEUR M, GÉNÉREUX M, BRUNEAU J F, et al. Importance of proximity to resources, social support, transportation and neighborhood security for mobility and social participation in older adults: Results from a scoping study[J]. BMC Public Health, 2015(15): 503.

② MORAN M, VAN CAUWENBERG J, HERCKY−LINNEWIEL R, et al. Understanding the relationships between the physical environment and physical activity in older adults: A systematic review of qualitative studies[J]. International Journal of Behavioral Nutrition and Physical Activity,2014(11): 1−12.

③ TUCKETT A G, BANCHO AW,WINTER S J, et al. The built environment and older adults: A literature review and an applied approach to engaging older adults in built environment improvements for health[J]. International Journal of Older People Nursing, 2018(13): 12−17.

④ YEN I H, MICHAEL Y L, PERDUE L. Neighborhood environment in studies of health of older adults: A systematic review[J]. American Journal of Preventive Medicine, 2009(37): 455‐463.

存在显著性正相关。这些服务设施的便捷性越好，老年人交通性体力活动水平越高。Barnett 等（2017）发表的综述指出，商店等商业设施、公共交通等服务设施的便捷性与老年人步行水平呈显著性正相关。Barnett 等（2017）、Yen 等（2009）发表的综述指出，公园等开放场所的便捷性与老年人步行水平呈显著性正相关。这些服务设施的便捷性越好，老年人的步行水平越高。

博纳科尔西等人提到，由于纳入的11篇综述在文章纳入标准的定义、测试指标及测试工具等方面的极度不统一，相关结果并不能盖棺定论。各篇研究在以上方面的不一致使得对这些研究的结果进行对比以得到有力、指向明确的证据很困难。但考虑到纳入的11篇综述共计包含682篇相关研究，相关结果在一定程度上可以为政府相关部门、政策制定者进行市政建设方面的决策提供参考。博纳科尔西等人的研究所纳入的11篇综述无一来自中国。并且，我们通过查阅这11综述发现，其中所含的中国研究相当有限。这一方面反映了我国在该领域研究的不足；另一方面也提示，国外的相关研究结论并不一定适用于我国。本章在杭州市所发现的服务便捷性越低老年人休闲性体力活动水平越高的研究结果与我国更高的居住密度、更高的服务便捷性的实际情况有关。我国的建成环境情况与国外居住密度较低、服务便捷性较差（各种服务设施与住宅的距离相对较远）的情况存在着本质上的差异。因此，建成环境对老年人休闲性体力活动影响的研究领域有待在我国大力开展。

研究局限性

　　本章的结果存在一定的局限性。第一，本章采用对比的方法探讨杭州市与温州市在建成环境评分和老年人休闲性体力活动水平的差异。对比后发现，杭州市的居住密度和城市美观性评分显著高于温州市；温州市的道路通达性、交通安全、社会安全评分显著高于杭州市。温州市老年人休闲性体力活动水平显著高于杭州市。两个城市在建成环境评分和老年人休闲性体力活动水平对比的结果无法直接确定建成环境如何影响老年人休闲性体力活动水平，但对该问题的探讨起到了一定辅助作用。第二，本章调研建成环境和老年人休闲性体力活动的工具为国际标准化的简化版邻近环境步行量表（NEWS-A）和体力活动短问卷（IPAQ-S），两者均为主观性评价工具。主观性评价工具虽然能更好地反映老年人的切实感受，但也不可避免地产生人为误差，这可能会对实验结果产生一定的影响。第三，本章并未将人口社会学特征数据纳入线性回归模型，这可能对建成环境与老年人休闲性体力活动的相关性产生一定影响。第四，本章样本量虽与国内外部分研究相当，但仍然偏少。若能扩大样本量，研究结果将更具有说服力。

第五节 本章结语

建成环境因素会对老年人休闲性体力活动水平产生显著影响。具体表现在，更好的步行骑行设施和更高的社会安全有利于促进杭州市和温州市老年人休闲性体力活动水平的提高。更好的城市美观性、交通安全状况及更高的居住密度有利于促进温州市老年人休闲性体力活动水平的提高。较低的服务便捷性有利于杭州市老年人休闲性体力活动水平的提高。

建成环境对老年人休闲性体力活动的影响表现出一定的中国特色，如杭州市的服务便捷性。较低的服务便捷性能够促进老年人休闲性体力活动水平提高是建立在我国大中型城市的各种服务设施（如公交站、公园、商店等）处于可步行范围内的基础上。土地混合利用度评分表明，杭州市不同目的地距离住宅的步行距离平均在10分钟左右的路程。略低的服务便捷性并不会影响老年人参与休闲性体力活动的决定，但会增加老年人步行至目的地所需的时间，进而增加其休闲性体力活动水平。国外研究关于服务便捷性较高时老年人休闲性体力活动水平更高的发现和结论与国外大多数国家较低的居住密度和较低的服务便捷性（目的地与住宅距离较远）有关。

当某建成环境因素已达到老年人预期时，其可能并不会成为老年人休闲性体力活动水平的影响因素，当某建成环境因素未达到老年人预期时，其便可能成为老年人是否参与休闲性体力活动的影响因素，如本书中的美观性。杭州市的城市美观性评分显著高于温州市的评分，但并不是杭州市老年人休闲性体力活动水平的影响因素。相反，美观性却是温州市老年人休闲性体力活动水平的影响因素。这可能是因为杭州市老年人已经习惯于周围优美的城市环境，这使得美观性不足以成为老年人参与休闲体力活动的决定性因素。其他未达到老年人预期的建成环境因素，如交通安全等便成为老年人参与休闲体力活动的关键因素。而在温州，老年人对城市美观性的评价并不像杭州那么高，那美观性便有可能成为老年人休闲体力活动的影响因素。

城市规划部门在城镇建设规划中应当充分考虑建成环境对老年人休闲体力活动的影响，构建老年友好型和体力活动促进型城市环境。这对提高老年人的身体健康水平，积极应对人口老龄化有重要意义。与国外相比，我国在该领域的研究还有待进一步开展，研究成果有待一步充实，以便更好地为政府部门的决策提供科学依据。

第三章

金华市建成环境对老年人休闲性体力活动水平影响的研究

第一节　研究背景与目的

国内外已有大量研究表明，建成环境会对居民的体力活动水平产生影响，但建成环境对居民体力活动的影响是否存在性别差异的研究相对较少。史密斯（Smith）等人[1]在其综述中提到，女性老年人使用公园和绿地的频率要显著低于男性老年人，公园和绿地只会促进男性老年人的休闲性体力活动水平提高。杰弗里斯（Jefferis）等[2]对英国25个城镇的70—93岁老年人进行了调查研究，其中男性受试者1593人，女性受试者857人。调研发现，男性老年人和女性老年人在体力活动水平和建成环境评价上存在显著性差异。15%男性老年人能够达到每周150分钟中高强度运动的体力活动水平，而只有10%女性达到这一标准。对于"夜晚独自行走时感到安全"的问题，70.3%的男性老年人表示同意，只有

① SMITH M, HOSKING J,WOODWARD A,WITTEN K, et al. Systematic literature review of built environment effects on physical activity and active transport——An update and new findings on health equity[J]. International Journal of Behavioral Nutrition and Physical Activity, 2017(4):14.

② JEFFERIS B J, SARTINI C, LEE I M, et al. Adherence to physical activity guidelines in older adults, using objectively measured physical activity in a population-based study[J]. BMC Public Health,2014(14):382.

35.8%的女性老年人表示同意。孙等人[1]对西安市728名成年人的体力活动水平和建成环境评分进行了调研，其中男性受试者295名，女性受试者433名。调研后发现，建成环境对成年人体力活动的影响存在性别差异。男性成年人的休闲性体力活动水平会受到道路通达性、步行骑行设施、美观性的影响，而女性成年人的休闲性体力活动并不受这些建成环境因素的影响。男性成年人整体体力活动水平受美观性的影响，而女性成年人整体体力活动水平并不受美观性的影响。女性成年人的交通性体力活动受居住密度的影响，而男性成年人的交通性体力活动并不受其影响。可见，建成环境对老年人体力活动水平的影响的确存在性别间差异，但相关研究相对较少，有待进一步开展。

世界银行于2020年发布的《包含性别因素的城市规划建设白皮书》（*Handbook for Gender-Inclusive Urban Planning Design*）[2]中提到，在世界领先的建筑设计公司高层中，只有10%是女性。在美国，仅有13.6%的建筑工程师为女性。工程设计专业的毕业生中，女性仅占到了20%。其中，40%的女性中途放弃或根本就没有进入建筑行业就业。因此，城市的建成环境的规划设计更多考虑的是男性的需求而忽略了女性的需求。报告指出，建成环境在性别方面的差异包含6个方面，包括便捷性（access）、可移动性（mobility）、安全性与远离暴力（safety and freedom from violence）、健康与卫生（health and hygiene）、气候弹

① SUN Y, HE C, ZHANG X, et al. Association of Built Environment with Physical Activity and Physical Fitness in Men and Women Living inside the City-Wall of Xi'an, China[J]. International Journal of Environmental Research and Public Health, 2020,17(14):4940.

② THE WORLD BANK. Handbook for Gender-Inclusive Urban Planning Design [R]. Washington, D C:The World Bank, 2020.

性（climate resilience）和社会地位安全性（security of tenure）。便捷性是指能够在公共场所使用服务和空间，远离限制和障碍；可移动性指能够在城市中安全、方便地移动；安全性与远离暴力指在公共与私人场所远离真实和可能的风险；健康与卫生指建成环境引领体力活跃型社会，远离健康风险；气候弹性指能够对灾难所引起的即时和长期影响作好准备并作出有效处理；社会地位安全性指拥有自己的居所并创造财富。

虽然我国已有一定数量的建成环境对体力活动水平影响的研究，但这些研究的目标城市主要是大型城市，较少有研究关注中小型城市。已有研究的目标城市包括超大型城市上海、深圳、香港及大型城市杭州、南京、西安等。这些城市在经济发展水平和人口规模上均在我国城市排名的前20位。居民在人口社会学特征上的差异会形成建成环境对居民体力活动水平的影响。于等人①对一线城市杭州和二线城市温州的建成环境因素和老年人休闲性体力活动水平进行调查研究后发现，两座城市老年人的休闲性体力活动水平存在显著性差异，并且除步行骑行设施和社会安全外，其他建成环境影响因素均不同。目前，针对我国中小型城市的相关研究较少，有待进一步开展。

数据处理方法也会对建成环境和老年人体力活动水平的相关性产生一定影响。在进行回归分析时，所选取模型的不同会在一定程度上

---

① YU J, YANG C, ZHANG S, et al. Comparison Study of Perceived Neighborhood-Built Environment and Elderly Leisure-Time Physical Activity between Hangzhou and Wenzhou[J], China. International Journal of Environmental Research and Public Health, 2020(17): 9284.

影响回归结果。吴等人[①]对南京市老年人休闲性体力活动水平和建成环境因素调查研究后发现，住宅与目的地的距离与老年人休闲性体力活动水平呈显著性相关关系。但在回归模型经人口社会学数据调整后，住宅与目的地距离和老年人休闲性体力活动的相关性消失。国内外其他研究同样也发现了这一点。因此，在探讨建成环境对老年人体力活动水平影响时，应当充分考虑不同回归模型，力求更为全面地反映两者之间的关系。

因此，本章的目的是探讨建成环境对男性老年人和女性老年人休闲性体力活动水平的影响，并对比建成环境影响的性别差异。本章的目标城市为中型城市金华，以弥补我国在该级别城市相关研究数据上的匮乏。此外，本章还将充分考虑将人口社会学特征纳入回归模型后建成环境与老年人休闲性体力活动水平相关性的变化，以更为全面地探讨建成环境对老年人休闲性体力活动的影响。

第二节 研究方法

样本与实验设计

本章的目标城市为位于浙江省第四大城市金华市。2019年，《中国

---

① WU Z J, SONG Y L, WANG H L, et al. Influence of the built environment of Nanjing's Urban Community on the leisure physical activity of the elderly: An empirical study[J]. BMC Public Health, 2019(19): 11.

财经周刊》基于全国城市经济发展水平及未来经济发展潜力发布的中国城市分组排名中，金华市在全国排名第49位。2019年，金华市公布的人口数量为562.4万人。无论是经济规模还是人口数量，金华市均明显不如已有相关研究的我国目标城市。金华是国家级历史文化旅游城市，拥有我国最大的影视剧拍摄基地——横店影视城。金华作为我国十大宜居城市之一，居住环境优美宜人，金华市政府还被授予法治政府典型称号。在公共交通方面，公交车是当地居民的主要出行方式。2019年，金华市有两条地铁线在建设当中。

本章的调研区域为金华市婺城区。在当地居委会的协助下，本章对9个社区240名老年人进行了体力活动水平和建成环境评价的调查研究，研究方法为随机抽样的横断面研究。3名调研人员在开展实地调研前已经过专门的培训，熟悉调研流程和问卷，调研于2019年7月至9月以一对一访问的形式进行。老年受试者的纳入标准为：（1）年龄在60岁及以上的老年人；（2）为调研社区的居民并已在该社区居住6个月以上；（3）没有认知功能障碍，能够正常交流沟通。

测试流程

本书分别采用三份问卷调查老年人的人口社会学特征、休闲性体力活动水平、建成环境评价数据。人口社会学特征问卷的调研信息包括性别、年龄、教育程度、收入状况、日常出行方式和是否有下肢运动系统疾病。休闲性体力活动问卷为国际体力活动短问卷（IPAQ-S）。该问卷能够有效收集过去7天内老年人休闲性步行、中等强度休闲性体力活动、高等强度休闲性体力活动、久坐数据，并通过公式计算将调研数据转化为代谢当量（MET值），便于后期统计学分析。在保证原意不变的前提下为方便老年人理解提高调研数据准确性，本章团队将国际体力活动问卷原有的7个问题合并为4个问题。例如，原问卷中关于步行有2个问题。问题5：最近7天内，您有几天参与步行，且一次步行至少10分钟？问题6：在这其中一天您通常花多少时间在步行上？经合并后的一个问题为：在过去7天内，您有几天外出散步，且持续时间超过10分钟？____天/周，____小时/天。

建成环境的调研问卷为邻近环境步行量表中文简化版（NEWS-A）。该问卷的信效度已经过检验，可用于中国地区的调查研究。

简化版邻近环境步行量表（NEWS-A）对住宅附近的8个建成环境因素进行评价，包括居住密度、土地混合利用度、服务便捷性、道路通达性、步行骑行设施、美观性、交通安全和社会安全。其中，服务便捷性、道路通达性、步行骑行设施、美观性、交通安全和社会安全均采用李克特量表4级评价标准：（1）非常不同意；（2）不太同意；（3）基本同意；（4）非常同意。每个建成环境因素的得分为所有问题的平均得分。得分越高代表老年人对该建成环境因素的评价越好。居住密度为李克特量表5级评价标准：（1）代表住宅附近没有该类型建筑；（2）代表住宅附近该类型建筑数量很少；（3）代表住宅附近有些该类型建筑；（4）代表住宅附近有很多该类型建筑；（5）代表住宅附近全部都是该类型建筑。后期通过公式计算得到居住密度，具体方法为，别墅所代表的居住密度为选项数值，平房代表的居住密度为选项数值乘以12，1—6层居民楼代表的居住密度为选项数值乘以25，7—11层居民楼代表的居住密度为选项数值乘以50，11层以上居民楼代表的居住密度为选项数值乘以100。老年人住宅附近居住密度为各种类型建筑居住密度之和。土地混合利用度评价老年人住宅到不同目的地所需花费的步行时间，采用李克特量表5级评价标准：（1）1—5分钟；（2）6—10分钟；（3）11—20分钟；（4）21—30分钟；（5）30分钟以上。还有一个"没有或不知道选项"。若选择该选项则代表老年人住宅附近没有此目的地，则该目的地后期不被纳入统计分析。

统计学分析

本章采用描述性统计法描述不同性别老年人的人口社会学特征，并采用卡方检验对不同性别老年人在人口社会学特征的差异进行分析。采用独立样本T检验分析不同性别老年人在休闲性体力活动水平和建成环境上评分的差异。采用一般线性回归模型分别分析男性老年人和女性老年人休闲性体力活动水平和建成环境因素的相关性，并将男性和女性老年人作为一个整体时，分析其休闲性体力活动与建成环境因素的相关性。一般线性回归分析的回归模型有两个：一是将人口社会学特征作为协变量的模型；二是不包含人口社会学特征的模型。统计软件为SPSS19.0（SPSS Inc., Chicago, IL, USA），显著水平为$p < 0.05$。

第三节　研究结果

表3.1为本章样本中金华市老年人的人口社会学特征。男性老年人

和女性老年人在教育程度、收入情况、日常出行方式上存在显著性差异。在教育程度上，男性老年人显著高于女性老年人，X^2值为21.17，显著水平为$p<0.001$。教育程度为小学及以下男性老年人的比例为51.5%，而教育程度为小学及以下女性老年人的比例为74.1%。小学及以下教育程度的女性老年人比例明显高于男性老年人。教育程度为初中的男性老年人比例为42.4%，教育程度为初中的女性老年人仅占比18.5%，初中水平男性老年人的比例明显高于女性老年人。高中教育程度的男性和女性老年人均相对较少，相应的男性老年人占比为3%，女性老年人为7.4%。此外，还有3%的男性老年人受过大专及以上的教育。可见，本书样本中，女性老年人的教育程度以小学及以下为主，而男性老年人的教育程度相对较高，以小学及以下和初中为主。这与前人研究结果相一致。

表3.1　金华市老年人人口社会学特征（n=240人）

特征变量	男性(n=132)（人）	占比（%）	女性(n=108)（人）	占比（%）	X^2	p
年龄(岁)					4.35	0.11
60—69	56	42.4	60	55.6		
70—79	60	45.5	36	33.3		
≥80	16	12.1	12	11.1		
教育程度					21.17	<0.001*
小学及以下	68	51.5	80	74.1		
初中	56	42.4	20	18.5		
高中	4	3	8	7.4		
大专及以上	4	3	0	0		
收入情况(元)					53.41	<0.001*

续表

特征变量	男性(n=132)(人)	占比(%)	女性(n=108)(人)	占比(%)	X^2	p
≤1500	20	15.2	0	0		
1501-2500	4	3	36	33.3		
2501-3500	36	27.3	32	29.7		
3501-4500	40	30.3	20	18.5		
≥4501	32	24.2	20	18.5		
日常出行方式					11.07	0.004*
汽车或公交车	108	81.8	68	63		
自行车	16	12.1	24	22.2		
步行	8	6.1	16	14.8		
下肢运动系统疾病					0.62	0.43
有	52	39.4	48	44.4		
无	80	60.6	60	55.6		

注：*代表本章中金华市男性和女性老年人在该指标上存在显著性差异。

张航空[1]于2016年利用人口普查数据分析发现，老年人教育程度存在性别差异。男性老年人教育程度显著高于女性老年人，教育程度的性别差异表现出随时间的转移呈先上升后下降的趋势，老年人教育程度的性别差异主要是由老年人年轻时受教育机会的差异所导致的。

---

[1] 张航空.中国老年人口受教育水平现状及其变动[J].中国老年学杂志,2016,36(5):1215-1216.

综合分析近四次人口普查数据后发现，男性老年人受教育年限显著高于女性老年人。具体表现在，1982年，男性老年人的受教育年限为2.68年，女性老年人仅为0.32年，性别差异为2.36年。1990年，男性老年人受教育年限为3.58年，女性为0.74年，性别差异为2.84年，相较上一次人口普查数据呈上升趋势。2000年，男性老年人受教育年限为5.44年，女性老年人为2.40年，性别差异为3.04年，较之以往进一步呈上升趋势。2010年，男性老年人受教育年限为6.97年，女性为4.85年，性别差异为2.12年，较1990年和2000年人口普查数据呈下降趋势。他认为，老年人教育程度的性别差异变化主要是由新中国成立前后教育事业发展和国内大的政治环境所引起的。但随着我国经济发展，老年人教育程度的性别差异正在逐渐缩小。可以预测的是随着时间推移，我国老年人教育程度的性别差异将进一步缩小。

本章中，男性老年人和女性老年人的月收入水平也存在显著性差异，X^2值为53.41，显著水平为$p<0.001$。结果表明，男性老年人的月收入水平明显高于女性老年人。女性老年人月收入在2500元以下的人数最多，占比33.3%。男性老年人月收入在2500元以下的占比18.2%。男性老年人月收入水平在3501—4500元的人数最多，占比30.3%，而在这一收入的女性老年人仅占比18.5%。月收入水平在4501元以上的男性老年人也多于女性老年人，男性老年人的比例为24.2%，女性老年人的比例为18.5%。月收入在2501—3500元的老年人男女比例相当，男性占比为27.3%，女性占比为29.6%。可见，女性老年人的低收入占比相对较高，月收入在3500元以下的人数共计占比62.9%。男性老年人的高收入占比相对较高，月收入在3500元以上的人数共计占比54.5%。

　　老年人月收入水平存在性别差异的发现与前人研究结果相一致。杨晓奇等[1]基于2015年第四次中国城乡老年人生活状况抽样调查结果提出，男性老年人收入普遍高于女性老年人。2014年，我国城市男性老年人年平均收入为29570元，城市女性老年人年平均收入为18980元，后者为前者的64.2%。城市老年人的收入主要包括保障性收入和经营性收入。城市男性老年人在保障性收入上比女性老年人高8200多元，在经营性收入上高出2600多元。2014年，农村男性老年人年平均收入为9666元，农村女性老年人年平均收入为5664元，后者为前者的58.6%。收入的差异主要在于经营性收入，农村男性老年人比女性老年人高2900多元。

　　在日常出行方式上，男性老年人与女性老年人也存在显著性差异，X^2值为11.07，显著水平为$p=0.004$。结果表明，日常出行选择自行车或步行的女性老年人明显多于男生老年人，选择该两种出行方式的女性老年人共计占比37%，而相应的男性老年人占比仅为18.2%。具体而言，日常出行时选择自行车的男性老年人占比12.1%，而女性老年人的这一占比为22.2%。日常出行时选择步行的男性老年人占比6.1%，而相应女性老年人的占比为14.8%。汽车和公交车是老年人日常出行的主要交通方式。高达81.8%的男性老年人选择汽车和公交车作为日常出行方式，63%的女性老年人将汽车和公交车作为日常出行方式。

　　在年龄分布和下肢运动系统疾病两个指标上，本章的男性老年人和女性老年人不存在显著性差异。对于男性老年人，年龄在60—69岁和70—79岁的人数相当，分别占比42.4%和45.5%，80岁及以上的

---

　　[1] 杨晓奇,王莉莉.我国老年人收入、消费现状及问题分析——基于2015年第四次中国城乡老年人生活状况抽样调查[J].老龄科学研究,2019,7(5):10-25.

人数最少，占比12.1%。女性老年人以60—69岁的人数最多，占比55.6%。70—79岁的人数次之，占比33.3%。80岁及以上的人数占比和男性老年人相当，占比11.1%。本章样本的年龄分布不存在性别差异，卡方检验的X^2值为4.35，显著水平为p=0.11。关于下肢运动系统疾病，60.6%的男性老年人和55.6%的女性老年人表示过去半年内未发生下肢运动系统疾病。39.4%的男性老年人和44.4%的女性老年人表示过去半年内发生过下肢运动系统疾病。本章样本中的下肢运动系统疾病情况不存在性别差异，卡方检验的X^2值为0.62，显著水平为p=0.43。

表3.2为金华市男性老年人与女性老年人在休闲性体力活动水平和建成环境评分的差异。对于休闲性体力活动，男性老年人为2789.27MET.min/week，女性老年人3137.22 MET.min/week。女性老年人休闲性体力活动水平高于男性老年人，但两者没有显著性差异，显著水平为p=0.22。在建成环境因素评分上，男性老年人与女性老年人在三个建成环境因素评分上存在显著性差异，分别为居住密度、服务便捷性和土地混合利用度。对于居住密度，女性老年人所感知到的住宅附近的居住密度要显著高于男性老年人。女性老年人的居住密度评分为650.19，男性老年人的居住密度评分为598.76，两者存在显著性差异，显著水平为p=0.006。对于服务便捷性，男性老年人所感知到的住宅附近的服务便捷性要显著高于女性老年人。男性老年人的服务便捷性评分为2.86，女性老年人的服务便捷性评分为2.75，两者存在显著性差异，显著水平为p=0.001。对于土地混合利用度，女性老年人所感知到的住宅与不同目的地的步行距离显著高于男性老年人。女性老年人的土地混合利用度评分为3.20，男性老年人的土地混合利用度评分为3.02，两者存在显著性在差异，显著水平为p=0.006。该土

地混合利用评分表明，老年人从住宅步行到不同目的地所需花费的平均步行时间为11—15分钟，男性老年人的平均步行时间略高于女性老年人。独立样本T检验结果未发现其他建成环境评分存在显著性的性别差异。

在所有建成环境评分中，男性老年人和女性老年人的道路通达性评分均为最高分，表明老年人对金华市的道路通达性满意度最高。男性老年人道路通达性评分为3.31，女性老年人的道路通达性评分为3.30，两者相当。该评分代表老年人对金华市道路通达性的满意度处于基本满意与非常满意之间，倾向于基本满意。步行骑行设施的评分次之，男性老年人的步行骑行设施评分为2.97，女性老年人步行骑行设施评分同为2.97，代表老年人对城市步行骑行设施的满意度为基本满意。男性老年人的城市美观性评分和社会安全评分相当，城市美观性的评分为2.65，社会安全的评分为2.64，表明男性老年人对城市美观性和社会安全的满意度处于不太满意和基本满意之间，倾向于基本满意。女性老年人的社会安全评分略高于城市美观性。社会安全的评分为2.73，城市美观性的评分为2.63，代表女性老年人对这两个建成环境因素的满意度处于不太满意和基本满意之间，倾向于基本满意。交通安全评分是男性和女性老年人所有建成环境因素中最低评分。男性老年人的交通安全评分为2.55，女性为2.44，男性略高于女性。老年人对交通安全的满意度处于不太满意和基本满意中间位置。交通安全为最低评分项表明相对于其他建成环境因素，老年人对城市交通安全性的满意度最低。这与本团队在杭州市与温州市的调研结果相一致，可见交通安全是我国大中型城市构建老年人友好型城市环境的主要挑战。

表3.2　金华市男性老年人与女性老年人休闲性体力活动水平和
建成环境评分对比

建成环境因素	男性	女性	t	p
休闲体力活动水平	2789.27±1949.72	3137.22±2372.39	-1.22	0.22
居住密度	598.76±122.53	650.19±155.11	-2.80	0.006*
服务便捷性	2.86±0.23	2.75±0.25	3.37	0.001*
道路通达性	3.31±0.49	3.30±0.49	0.27	0.79
步行骑行设施	2.97±0.31	2.97±0.32	-0.08	0.93
美观性	2.65±0.45	2.63±0.37	0.33	0.74
交通安全	2.55±0.56	2.44±0.61	1.34	0.18
社会安全	2.64±0.54	2.73±0.33	-1.63	0.11
土地混合利用度	3.02±0.52	3.20±0.54	-2.77	0.006*

注：*代表该指标存在性别间显著性差异。MET代表代谢当量。

　　一般线性回归结果表明，影响男性老年人休闲性体力活动水平的建成环境因素为服务便捷性和土地混合利用度。服务便捷性与男性老年人休闲性体力活动水平呈显著性正相关，回归系数为2311.60，显著水平为$p=0.001$。这表明服务便捷性越高，男性老年人的休闲性体力活动水平越高。土地混合利用度与男性老年人休闲性体力活动水平呈显著性负相关，回归系数为-1234.37，显著水平为$p=0.001$。这表明男性老年人住宅与不同目的地的步行距离越近，男性老年人的休闲性体力活动水平越高。其他建成环境因素与男性老年人休闲性体力活动水平均不存在显著性相关关系。居住密度的回归系数为0.12，显著水平为$p=0.94$，表明居住密度与男性老年人休闲性体力活动水平的正相关关系并不具有统计学上的显著意义。道路通达性的回归系数为237.54，显著水平为$p=0.55$，表明道路通达性与男性老年人休闲性体力活动水平的正相关关系不具有统计学意义。步行骑行设施的回归系数为−221.45，显著水平为$p=0.73$，表明步行骑行设施与男性老年人休闲性体力活动水平的负相关关系不具有显著性。城市美观性的回归系数为−370.51，显著水平为$p=0.42$，说明城市美观性与男性老年人休闲性体力活动水平的负相关关系不具有显著性。交通安全的回归系数为−324.34，显著水平为$p=0.41$，表明交通安全与男性休闲性体力活动水平的负相关关系不具有显著性。社会安全的回归系数为564.90，显著水平为$p=0.14$，表明社会安全与男性老年人休闲性体力活动水平的正相关关系不具有显著性（见表3.3）。

表3.3 金华市男性老年人休闲性体力活动水平与建成环境相关性

建成环境因素	建成环境评分	B	SE	p
居住密度	598.76±122.53	0.12	1.76	0.94
服务便捷性	2.86±0.23	2311.60	710.15	0.001*
道路通达性	3.31±0.49	237.54	393.86	0.55
步行骑行设施	2.97±0.31	−221.45	633.91	0.73
美观性	2.65±0.45	−370.51	460.08	0.42
交通安全	2.55±0.56	−324.34	393.49	0.41
社会安全	2.64±0.54	564.90	384.11	0.14
土地混合利用度	3.02±0.52	−1234.37	359.68	0.001*

注：因变量为老年人休闲性体力活动得分，B为回归系数，SE为标准误差，*代表显著水平（$p<0.05$）。

表3.4为金华市女性老年人休闲性体力活动水平与建成环境因素的相关性结果。结果表明，女性老年人休闲性体力活动水平的建成环境影响因素为4个，分别是居住密度、道路通达性、社会安全、土地混合利用度。居住密度的回归系数为5.63，显著水平为$p<0.001$，表明居住密度与女性老年人休闲性体力活动水平存在显著性正相关关系，即金华市居住密度越高，女性老年人的休闲性体力活动水平越高。道路通达性的回归系数为1432.46，显著水平为$p=0.007$，表明道路通达性与女性老年人休闲性体力活动水平存在显著性正相关关系，即金华市道路通达性越好，女性老年人的休闲性体力活动水平越高。社会安全的回归系数为1949.78，显著水平为0.003，表明社会安全与女性老年人休闲性体力活动水平存在显著性正相关关系，即社会安全越好，女性老年人休闲性体力活动水平越高。土地混合利用度的回归系数为－1497.49，显著水平为$p<0.001$，表明土地混合利用度与女性老年人休闲性体力活动水平存在显著性负相关关系，即住宅与不同目的地的平均步行距离越近，老年人休闲性体力活动水平越高。

服务便捷性、步行骑行设施、城市美观性和交通安全与女性老年人休闲性体力活动水平不存在显著性相关关系。服务便捷性的回归系数为－1439.74，显著水平为$p=0.06$，表明服务便捷性与女性老年人的负相关关系不存在统计学意义。步行骑行设施的回归系数为－1140.01，显著水平为$p=0.10$，表明步行骑行设施与女性老年人休闲性体力活动水平的负相关关系不存在统计学意义。城市美观性的回归系数为750.54，显著水平为0.19，表明城市美观性与女性老年人休闲性体力活动水平的正相关关系不存在统计学意义。交通安全的回归系数为－149.57，显著水平为$p=0.618$，表明交通安全与女性老年人休闲性体力活动水平的负相关关系不具有统计学意义。

表3.4　金华市女性老年人休闲性体力活动水平与建成环境相关性

建成环境因素	建成环境评分	B	SE	p
居住密度	650.19±155.11	5.63	1.24	<0.001*
服务便捷性	2.75±0.25	−1439.74	763.25	0.06
道路通达性	3.30±0.49	1432.46	520.52	0.007*
步行骑行设施	2.97±0.32	−1140.01	677.21	0.10
美观性	2.63±0.37	750.54	568.50	0.19
交通安全	2.44±0.61	−149.57	298.83	0.618
社会安全	2.73±0.33	1949.78	645.50	0.003*
土地混合利用度	3.20±0.54	−1497.49	325.48	<0.001*

注：因变量为老年人休闲性体力活动得分，B为回归系数，SE为标准误差，*代表显著水平（$p<0.05$）。

表3.5为金华市男性老年人与女性老年人休闲性体力活动水平与建成环境因素相关性对比。结果表明，土地混合利用度是男性老年人与女性老年人休闲性体力活动水平的共同影响因素。土地混合利用度与男性老年人和女性老年人的休闲性体力活动水平均呈显著性负相关关系。土地混合利用度评分代表老年人住宅与不同目的地的平均步行时间，评分越高，老年人步行至不同目的地所需花费的时间越长。土地混合利用度和老年人休闲性体力活动水平的负相关关系表明，不同目的地与住宅的步行距离越近，老年人休闲性体力活动水平越高。此外，服务便捷性是男性老年人休闲性体力活动水平的影响因素，与女性老年人休闲性体力活动不存在显著性相关。服务便捷性越高，男性

老年人休闲性体力活动水平越高。居住密度、道路通达性、社会安全是女性老年人休闲性体力活动水平的影响因素，三者均与女性老年人休闲性体力活动水平呈显著性正相关，与男性老年人休闲性体力活动水平不存在显著性相关。居住密度越高、道路通达性和社会安全越好，女性老年人休闲性体力活动水平越高。

表3.5　金华市男性和女性老年人休闲性体力活动水平与
建成环境相关性对比

建成环境因素	B(男性)	p	B(女性)	p
居住密度	0.12	0.94	5.63	<0.001*
服务便捷性	2311.60	0.001*	−1439.74	0.06
道路通达性	237.54	0.55	1432.46	0.007*
步行骑行设施	−221.45	0.73	−1140.01	0.10
美观性	−370.51	0.42	750.54	0.19
交通安全	−324.34	0.41	−149.57	0.618
社会安全	564.90	0.14	1949.78	0.003*
土地混合利用度	−1234.37	0.001*	−1497.49	<0.001*

注：因变量为老年人休闲性体力活动得分，B为回归系数，*代表显著水平（$p<0.05$）。

表3.6为将金华市男性老年人人口社会学特征数据作为协变量纳入回归模型后老年人休闲性体力活动水平与建成环境因素的相关性，结果表明，人口社会学特征数据均与老年人休闲性体力活动水平不存在显著性相关，但回归模型经过人口社会学特征数据调整后建成环境与

老年人休闲性体力活动水平的相关性发生些许变化。与未调整模型相比，社会安全成为男性老年人休闲性体力活动水平的影响因素。社会安全的回归系数为791.36，显著水平为 $p=0.05$，表明社会安全与男性老年人休闲性体力活动水平呈显著性正相关，即社会安全越好，男性老年人休闲性体力活动水平越高。服务便捷性和土地混合利用度与男性老年人休闲性体力活动水平的显著性相关未发生变化。服务便捷性的回归系数为2553.58，显著水平为 $p=0.001$，表明服务便捷性与男性老年人休闲性体力活动水平呈显著性正相关，服务便捷性越高，男性老年人的休闲性体力活动水平越高。土地混合利用度的回归系数为–1373.85，显著水平为 $p=0.001$，表明土地混合利用度与男性老年人休闲性体力活动水平呈显著性负相关，即住宅与不同目的地的平均步行距离越近，男性老年人的休闲性体力活动水平越高。

在人口社会学特征方面，年龄的回归系数为–119.45，显著水平为 $p=0.66$，表明年龄与男性老年人休闲性体力活动水平的关系为负相关，即年龄越大，男性老年人休闲性体力活动水平越高，但两者间的相关关系不具有统计学意义。教育程度、月收入状况和日常出行方式均与男性老年人休闲性体力活动水平呈负相关，但同样不具有统计学意义。教育程度的回归系数为–459.09，显著水平为 $p=0.07$；月收入状况的回归系数为–225.86，显著水平为 $p=0.13$；日常出行方式的回归系数为–85.07，显著水平为 $p=0.80$。下肢运动系统疾病与男性老年人休闲性体力活动水平呈正相关关系，回归系数为619.43，显著水平为 $p=0.10$。下肢运动系统疾病的选项1代表过去半年内发生过下肢运动系统疾病，2代表过去半年内未发生过下肢运动系统疾病，因此下肢运动系统疾病与男性老年人休闲性体力活动水平的正相关表明，过去半年未发生过下肢运动系统疾病的男性老年人休闲性体力活动水平更高，但这种关系不具有统计学意义。

表3.6　金华市男性老年人休闲性体力活动水平与建成环境相关性
（将人口社会学特征数据作为协变量）

建成环境因素	B	SE	p
居住密度	0.001	1.91	1.00
服务便捷性	2553.58	727.22	0.001*
道路通达性	372.87	421.97	0.38
步行骑行设施	− 644.11	653.17	0.33
美观性	259.99	512	0.61
交通安全	− 651.39	412.93	0.12
社会安全	791.36	394.44	0.05*
土地混合利用度	− 1373.85	406.48	0.001*
年龄	− 119.45	269.12	0.66
教育程度	− 459.09	248.30	0.07
月收入情况	− 225.86	149.33	0.13
日常出行方式	− 85.07	339.25	0.80
下肢运动系统疾病	619.43	374.09	0.10

注：因变量为老年人休闲性体力活动得分，B为回归系数，SE为标准误差，*代表显著水平（$p < 0.05$）。

表3.7为将人口社会学特征作为协变量纳入回归分析模型后女性老年人休闲性体力活动水平与建成环境因素的相关性。在人口社会学特征中，月收入状况与女性老年人休闲性体力活动水平呈显著性负相关

关系，其回归系数为-588.94，显著水平为 $p=0.03$，表明女性老年人月收入水平越低，其休闲性体力活动水平越高。其他人口社会学特征与女性老年人休闲性体力活动水平均不存在显著性相关。对于建成环境因素与女性老年人休闲性体力活动水平的相关性，经过人口社会学特征数据调整后发生了一定变化，具体表现在道路通达性和社会安全与女性老年人休闲性体力活动水平的显著性相关关系消失，而城市美观性与女性老年人休闲性体力活动水平出现显著性相关。城市美观性的回归系数为1910.19，显著水平为 $p=0.02$，表明城市美观性与女性老年人休闲性体力活动水平呈显著性正相关，即城市美观性越好，女性老年人休闲性体力活动水平越高。

居住密度和土地混合利用度与女性老年人休闲性体力活动水平的相关性未发生变化。居住密度的回归系数为5.10，显著水平为 $p<0.001$，表明居住密度与女性老年人存在显著性正相关，即居住密度越高，女性老年人休闲性体力活动水平越高。土地混合利用度的回归系数为-1494.55，显著水平为 $p<0.001$，表明土地混合利用度与女性老年人休闲性体力活动水平呈显著性负相关，即女性老年人住宅与不同目的地的步行距离越近，其休闲性体力活动水平越高。对于经过人口社会学特征调整后与女性老年人休闲性体力活动水平相关显著性消失的两个建成环境因素，道路通达性的回归系数为1067.90，显著水平为 $p=0.06$，社会安全的回归系数为875.78，显著水平为 $p=0.36$。服务便捷性、步行骑行设施和交通安全这三个建成环境因素在经过人口社会学特征数据调整前后，均与女性休闲性体力活动水平不存在显著性相关关系。调整后，服务便捷性的回归系数为-895.73，显著水平为 $p=0.29$；步行骑行设施的回归系数为-578.07，显著水平为 $p=0.51$；交通

安全的回归系数为-170.46，显著水平为p=0.60。

表3.7 金华市女性老年人休闲性体力活动水平与建成环境相关性
（将人口社会学特征数据作为协变量）

建成环境因素	B	SE	p
居住密度	5.10	1.24	<0.001*
服务便捷性	− 895.73	763.25	0.29
道路通达性	1067.90	520.52	0.06
步行骑行设施	− 578.07	677.21	0.51
美观性	1910.19	568.50	0.02*
交通安全	− 170.46	298.83	0.60
社会安全	875.78	645.50	0.36
土地混合利用度	− 1494.55	325.48	<0.001*
年龄	296.48	348.09	0.40
教育程度	401.08	430.75	0.35
月收入情况	− 588.94	271.65	0.03*
日常出行方式	323.51	335.01	0.34
下肢运动系统疾病	− 840.03	562.36	0.14

注：因变量为老年人休闲性体力活动得分，B为回归系数，SE为标准误差，*代表显著水平（$p<0.05$）。

表3.8为经过人口社会学特征数据调整后男性老年人与女性老年人休闲性体力活动水平和建成环境因素的相关性对比。在人口社会学特征上，仅有女性老年人的月收入状况与休闲性体力活动水平呈显著性相关，-588.94的回归系数表明女性老年人月收入水平越高，其休闲性

体力活动水平越低。男性老年人的月收入状况与休闲性体力活动水平不存在显著性相关，回归系数为-225.86，显著水平为$p=0.13$。其他人口社会学特征数据也均不与男性和女性老年人的休闲性体力活动水平存在显著性相关。在建成环境因素上，土地混合利用度仍是男性和女性老年人休闲性体力活动水平的共同影响因素。男性老年人的土地混合利用度回归系数为-1373.85，女性老年人的土地混合利用度回归系数为-1494.55，显著水平分别为$p=0.001$和$p<0.001$，表明土地混合利用度和老年人休闲性体力活动水平呈显著性负相关，代表老年人住宅与不同目的地的平均步行距离越近，其休闲性体力活动水平越高，并且这种相关性不区分性别。

在其他建成环境因素上，服务便捷性与男性老年人休闲性体力活动水平呈显著性正相关，与经过人口社会学特征数据调整前的结果相一致。调整后，服务便捷性的回归系数为2553.58，显著水平为$p=0.001$，表明服务便捷性越高，男性老年人休闲性体力活动水平越高。未发现服务便捷性与女性老年人存在显著性相关。居住密度与女性老年人休闲性体力活动水平呈显著性相关关系，与经过人口社会学数据调整前的结果相一致。其回归系数为5.10，显著水平为$p<0.001$，表明居住密度越高，女性老年人休闲性体力活动水平越高。未发现居住密度与男性老年人休闲性体力活动水平存在显著性相关。城市美观性与女性老年人休闲性体力活动水平呈显著性正相关，与经过人口社会学数据调整前两者不存在显著性相关的结果不一致。调整后其回归系数为1910.19，显著水平为$p=0.02$，代表城市美观性与女性老年人休闲性体力活动水平呈显著性正相关，即城市美观性越好，女性老年人休闲性体力活动水平越高。未发现城市美观性与男性老年人休闲性体力

活动水平存在显著性相关关系。

表3.8 人口社会学特征数据调整后金华市男性和
女性老年人休闲性体力活动水平与建成环境相关性对比

建成环境因素	B(男性)	p	B(女性)	p
居住密度	0.001	1.00	5.10	<0.001*
服务便捷性	2553.58	0.001*	− 895.73	0.29
道路通达性	372.87	0.38	1067.90	0.06
步行骑行设施	− 644.11	0.33	− 578.07	0.51
美观性	259.99	0.61	1910.19	0.02*
交通安全	− 651.39	0.12	− 170.46	0.60
社会安全	791.36	0.05*	875.78	0.36
土地混合利用度	− 1373.85	0.001*	− 1494.55	<0.001*
年龄	− 119.45	0.66	296.48	0.40
教育程度	− 459.09	0.07	401.08	0.35
月收入状况	− 225.86	0.13	− 588.94	0.03*
日常出行方式	− 85.07	0.80	323.51	0.34
下肢运动系统疾病	619.43	0.10	− 840.03	0.14

注：因变量为老年人休闲性体力活动得分，B为回归系数，*代表显著水平 ($p < 0.05$)。

表3.9为未将老年人人口社会学特征数据作为协变量纳入模型的整体老年人休闲性体力活动与建成环境的相关性。结果表明，当不区分性别将老年人作为整体研究时，居住密度、道路通达性、社会安全、土地混合利用度与老年人休闲性体力活动水平呈显著性相关。这与女

性老年人休闲性体力活动与建成环境因素相关性的结果相一致（参见表3.4）。居住密度与老年人休闲性体力活动水平呈显著性相关，其回归系数为3，显著水平为$p=0.003$，表明居住密度与老年人休闲性体力活动水平呈显著性正相关关系，即居住密度越高，老年人休闲性体力活动水平越高。道路通达性与老年人休闲性体力活动水平呈显著性相关，其回归系数为612.14，显著水平为$p=0.05$，表明道路通达性与老年人休闲性体力活动水平呈显著性正相关，即道路通达性越好，老年人休闲性体力活动水平越高。社会安全与老年人休闲性体力活动水平呈显著性相关，其回归系数为-895.23，显著水平为$p=0.003$，表明社会安全与老年人休闲性体力活动水平呈显著性正相关，即社会安全越好，老年人休闲性体力活动水平越高。土地混合利用度与老年人休闲性体力活动水平呈显著性相关关系，其回归系数为-1115.59，显著水平为$p<0.001$，表明土地混合利用度与老年人休闲性体力活动水平呈显著性负相关，即老年人住宅与不同目的地的平均步行距离越近，老年人休闲性体力活动水平越高。

服务便捷性、步行骑行设施、城市美观性、交通安全与老年人休闲性体力活动水平不存在显著性相关关系。男性老年人休闲性体力活动水平与建成环境因素的相关性结果表明服务便捷性与男性老年人休闲性体力活动存在显著性正相关关系（参见表3.3），回归系数为2311.6，显著水平为$p=0.001$。未发现女性老年人休闲性体力活动水平与服务便捷性存在显著性相关（参见表3.4）。将男性老年人与女性老年人作为整体研究时，服务便捷性与全体老年人休闲性体力活动水平也不存在显著性相关（参见表3.9），回归系数为572.10，显著低于男性老年人的回归系数，显著水平为$p=0.25$。步行骑行设施、城市美观性和交通安全在男性老年人休闲性体力活动水平与建成环境的相关性分析、女性老年人休闲性体力活动水平与建成环境因素的相关性分析以及不区别性别时全体老年人休闲性体力活动水平与建成环境因素的相关性分析中均未发现显著性相关关系。这表明，对于金华市老年人而言，步行骑行设施、城市美观性、交通安全不是其参与休闲性体力活动的影响因素。

表3.9　金华市老年人休闲性体力活动水平与建成环境相关性

建成环境因素	B	SE	p
居住密度	3	0.99	0.003*
服务便捷性	572.10	499.37	0.25
道路通达性	612.14	311.25	0.05*
步行骑行设施	− 626.70	457.34	0.17
美观性	255.75	334.39	0.45
交通安全	− 84.32	220.12	0.10
社会安全	895.23	284.11	0.003*
土地混合利用度	− 1115.59	234.90	<0.001*

注：因变量为老年人休闲性体力活动得分，模型不包含老年人人口社会学特征数据，B为回归系数，SE为标准误差，*代表显著水平（$p<0.05$）。

表3.10为人口社会学特征数据作为协变量纳入回归模型后全体老年人休闲性体力活动水平与建成环境因素的相关性。影响老年人休闲性体力活动水平的建成环境因素有5个，分别是居住密度、道路通达性、城市美观性、社会安全和土地混合利用度。这相当于女性老年人休闲性体力活动水平在未将人口社会学特征数据纳入回归模型和

将人口社会学特征数据纳入回归模型的建成环境影响因素之和。居住密度与老年人休闲性体力活动呈显著性相关，其回归系数为3.88，显著水平$p<0.001$，表明居住密度与老年人休闲性体力活动水平呈显著性正相关，即居住密度越高，老年人休闲性体力活动水平越高。道路通达性与老年人休闲性体力活动水平呈显著性相关，其回归系数为713，显著水平为$p=0.02$，表明道路通达性与老年人休闲性体力活动水平呈显著性相关，即道路通达性越高，老年人休闲性体力活动水平越高。

城市美观性与老年人休闲性体力活动水平呈显著性相关，其回归系数为782.04，显著水平为$p=0.03$，表明城市美观性与老年人休闲性体力活动水平呈显著性正相关，即城市美观性越好，老年人休闲性体力活动水平越高。社会安全与老年人休闲性体力活动水平呈显著性相关，其回归系数为711.38，显著水平为$p=0.01$，表明社会安全与老年人休闲性体力活动水平呈显著性正相关，即社会安全越好，老年人休闲性体力活动水平越高。土地混合利用度与老年人休闲性体力活动水平呈显著性相关，其回归系数为-1304.62，显著水平$p<0.001$，表明土地混合利用度与老年人休闲性体力活动呈显著性负相关。因此不同目的地与老年人住宅的平均步行距离越近，老年人休闲性体力活动水平越高。

在人口社会学特征中，教育程度和月收入状况与老年人休闲性体力活动水平呈显著性相关。教育程度的回归系数为-471.29，显著水平为$p=0.02$，代表教育程度与老年人休闲性体力活动水平呈显著性负相关，即老年人教育程度越高，其休闲性体力活动水平越低。月收入状况的回归系数为-304.78，显著水平为$p=0.02$，表明老年人休闲性体力活动水平与月收入状况呈显著性负相关,即老年人月收入状况越高,其休闲性体力活动水平越低。年龄、日常出行方式、下肢运动系统疾病情况与老年人休闲性体力活动水平不存在显著性相关。

表3.10 金华市老年人休闲性体力活动水平与建成环境相关性
(将人口社会学特征数据作为协变量)

建成环境因素	B	SE	p
居住密度	3.88	1.03	<0.001*
服务便捷性	968.80	505.46	0.06
道路通达性	713	311.04	0.02*
步行骑行设施	−916.62	480.46	0.06
美观性	782.04	358.34	0.03*
交通安全	−230.46	231.65	0.32
社会安全	711.38	288.92	0.01*
土地混合利用度	−1304.62	241.18	<0.001*
年龄	204.11	198.83	0.31
教育程度	−471.29	191.62	0.02*
月收入情况	−304.78	126.11	0.02*
日常出行方式	−106.58	211.72	0.62
下肢运动系统疾病	222.79	278.67	0.43

注:因变量为老年人休闲性体力活动得分,回归模型将人口社会学特征作为协变量,B为回归系数,SE为标准误差,*代表显著水平($p<0.05$)。

表3.11为将人口社会学特征纳入回归分析前后,老年人休闲性体力活动水平与建成环境因素的相关性对比。结果表明,回归模型会对

老年人休闲性体力活动水平与建成环境因素的相关性产生一定程度的影响。在将人口社会学特征数据纳入回归模型后，城市美观性成为金华市老年人休闲性体力活动水平的影响因素，其回归系数为782.04，显著水平为$p=0.03$，表明城市美观性与老年人休闲性体力活动水平呈显著性正相关，即城市美观性越好，老年人休闲性体力活动水平越高。未将人口社会学特征数据纳入回归模型时，城市美观性与金华市老年人休闲性体力活动水平不存在显著性相关，回归系数为255.75，显著水平为$p=0.45$。经过人口社会学特征数据调整后，城市美观性的回归系数由255.75变为782.04，p值也达到显著水平，这可能与两个人口社会学特征指标与老年人休闲性体力活动水平存在显著性相关有关。

　　不同的回归模型未对其他达到统计学显著水平的老年人休闲性体力活动水平的建成环境影响因素产生影响。居住密度、道路通达性、社会安全和土地混合利用度在经过人口社会学特征数据调整前后均与老年人休闲性体力活动水平存在显著性相关。居住密度的回归系数由调整前的3增长为调整后的3.88，显著水平由原来的$p=0.003$变为$p<0.001$。两个模型的回归结果均表明老年人休闲性体力活动水平与居住密度存在显著性正相关。道路通达性在两个模型中的回归系数分别为612.14和713，p值也均达到显著水平，表明道路通达性与老年人休闲性体力活动水平存在显著性正相关。社会安全在两个模型中的回归系数分别为895.23和711.38，p值均达到显著水平，表明社会安全与老年人休闲性体力活动水平呈显著性正相关。土地混合利用度在两个模型的回归系数分别为-1115.59和-1304.62，p值均达到显著水平，表明土地混合利用度与老年人休闲性体力活动水平存在显著性负相关，即老年人住宅与不同目的地的平均步行距离越近，老年人休闲性体力活动

水平越高。

表3.11　人口社会学特征数据调整后金华市老年人休闲性
体力活动水平与建成环境相关性对比

建成环境因素	B（模型1）	p	B（模型2）	p
居住密度	3	0.003*	3.88	<0.001*
服务便捷性	572.10	0.25	968.80	0.06
道路通达性	612.14	0.05*	713	0.02*
步行骑行设施	−626.70	0.17	−916.62	0.06
美观性	255.75	0.45	782.04	0.03*
交通安全	−84.32	0.10	−230.46	0.32
社会安全	895.23	0.003*	711.38	0.01*
土地混合利用度	−1115.59	<0.001*	−1304.62	<0.001*
年龄			204.11	0.31
教育程度			−471.29	0.02*
月收入状况			−304.78	0.02*
日常出行方式			−106.58	0.62
下肢运动系统疾病			222.79	0.43

注：因变量为老年人休闲性体力活动得分，模型1为未将人口社会学特征数据纳入线性回归的模型，模型2为将人口社会学特征纳入线性回归的模型，B为回归系数，*代表显著水平（$p < 0.05$）。

第四节　讨　论

本章的主要目的是探讨浙江省金华市建成环境因素对老年人休闲性体力活动水平的影响。通过分别探讨男性老年人和女性老年人休闲性体力活动水平的建成环境影响因素，确定老年人休闲性体力活动的建成环境影响因素是否存在性别差异。通过将人口社会学特征数据纳入模型前后的两次回归结果探讨模型的不同是否会对老年人休闲性体力活动和建成环境的相关性产生影响。本章的发现将对更为深入全面地理解建成环境对老年人休闲性体力活动的影响提供科学依据。

老年人休闲性体力活动水平与建成环境相关性的性别差异

研究发现，建成环境对老年人休闲性体力活动水平的影响存在性别间差异，女性老年人的休闲性体力活动水平更易受到建成环境因素的影响，并且男性老年人和女性老年人休闲性体力活动水平的建成环境影响因素不尽相同。男性老年人休闲性体力活动水平主要受到两个建成环境因素的影响，包括服务便捷性和土地混合利用度。更好的服务便捷性和住宅与不同目的地更近的步行距离能够促使男性老年人参与更多的休闲性体力活动，提高其休闲性体力活动水平。女性老年人的休闲性体力活动水平主要受到四个建成环境因素的影响，分别是居住密度、道路通达性、社会安全和土地混合利用度。在休闲性体力活动的建成环境影响因素数量上，女性老年人明显多于男性老年人。在具体的建成环境影响因素上，也表现出一定的性别差异。除土地混合利用度是男性老年人和女性老年人休闲性体力活动共同的影响因素，休闲性体力活动的其他建成环境影响因素均有所不同。居住密度、道路通达性和社会安全只对女性老年人休闲性体力活动水平产生影响。

居住密度与女性老年人休闲性体力活动存在显著性正相关，即居住密度越高，女性老年人的休闲性体力活动水平越高。而居住密度并不会对男性老年人休闲性体力活动水平产生影响。女性的居住密度回归系数为5.63，显著水平为$p<0.001$，而男性的居住密度回归系数仅为0.12，显著水平为$p=0.94$（参见表3.5）。道路通达性与女性老年人休闲性体力活动水平存在显著性正相关，即道路通达性越好，女性老年人休闲性体力活动水平越高，但道路通达性与男性老年人休闲性体力活动水平不存在显著性相关。女性老年人的道路通达性回归系数为1432.46，显著水平为$p=0.007$，男性老年人的道路通达性回归系数远低于女性老年人，仅为237.54，p值未达到显著水平为$p=0.55$（参见表3.5）。社会安全与女性老年人休闲性体力活动水平呈显著性正相关，即社会安全越好，女性老年人休闲性体力活动水平越高，而社会安全与男性老年人休闲性体力活动水平不存在显著性相关。女性老年人的社会安全回归系数为1949.78，显著水平为$p=0.003$，男性老年人的社会安全回归系数同样远低于女性老年人为564.90，p值同样未达到显著水平为$p=0.14$（参见表3.5）。

本章关于居民体力活动水平的建成环境因素存在性别差异的结果

与前人研究结果相一致。杜兰德（Durand）等[1]在2011年发表的综述里提到居民体力活动水平与建成环境的相关性会因性别和研究方法的不同而产生差异。在这篇综述中，研究人员首先通过关键词搜索初步确定了2435篇相关研究，其中1179篇来自MEDLINE数据库，738篇来自Psycinfo数据库，476篇来自Web of Knowledge数据库，另有42篇来自书目检索。随后通过题目和摘要筛选，确定了979篇文章。然后通过全文阅读，最终确定了204篇文章纳入综述。这204篇文章主要构成了该综述的结果描述部分，其中44篇测量了4种以上建成环境因素的文章构成了这篇综述的主要内容。

杜兰德等在综述后提出，有研究认为，适于步行的街区（walkable neighbourhoods）对居民体力活动的影响因素存在性别间差异。该研究提到，女性的中高强度体力活动与街区适宜步行性存在显著性正相关，即街区的可步行性越好，女性的中高强度体力活动水平越高，但未发现男性的中高强度体力活动与街区可步行性存在显著性相关。同样，另有研究发现，女性的整体步行水平和休闲性步行水平与街区适宜步行性存在显著性正相关，街区越适宜女性步行，女性的整体和休闲性步行水平越高。但是，同样未发现街区步行性与男性的整体和步行水平存在显著性相关。对于拥有标志物的特色社区（distinctive communities with a strong sense of place），有两项研究发现，女性居民的中高强度体力活动会受到社区特色景物的积极影响，而男性居民的中高强度体力活动不会受其影响。对于整体步行水平，男性居民的整体

① DURAND C P, ANDALIB M, DUNTON G F, et al. A systematic review of built environment factors related to physical activity and obesity risk: Implications for smart growth urban planning[J]. Obesity Reviews, 2011(12):173-182.

步行水平会受社区特色景物的积极影响，而女性居民的整体步行水平不受其影响。该研究同样也发现有文章指出在土地混合利用度、出行方式多样性与居民体力活动水平上存在性别差异。

回归模型对老年人休闲性体力活动水平和建成环境相关性的影响

本章结果发现回归模型的选择会对老年人休闲性体力活动水平和建成环境的相关性产生影响。将人口社会学特征数据作为协变量纳入回归模型后，女性老年人休闲性体力活动水平、男性老年人休闲性体力活动水平和全体老年人休闲性体力活动水平的建成环境影响因素发生变化，男性休闲性体力活动水平的建成环境因素未发生变化。在未将女性老年人人口社会学特征数据作为协变量纳入回归模型时，女性老年人休闲性体力活动水平的建成环境影响因素有4个，分别是居住密度、道路通达性、社会安全和土地混合利用度。较高的居住密度、良好的道路通达性和社会安全以及不同目的地与住宅更近的步行距离均能够促使女性老年人更多地参与休闲性体力活动，提高其休闲性体力活动水平。

但是，将女性老年人人口社会学特征数据作为协变量纳入回归模型后，女性老年人休闲性体力活动水平的建成环境影响因素变为3个，分别是居住密度、城市美观性和土地混合利用度。与人口社会学特征数据调整前的回归结果相比，居住密度和土地混合利用度对女性老年人休闲性体力活动水平的影响未发生变化。较高的居住密度、不同目的地与住宅更近的步行距离，能够提高女性老年人的休闲性体力活动水平。在人口社会学特征数据调整前，与女性老年人休闲性体力活动水平呈显著性相关的道路通达性和社会安全，在调整后的显著性相关关系消失。调整后的道路通达性显著水平为$p=0.06$，调整后的社会安全的显著水平为$p=0.36$。城市美观性调整前与女性休闲性体力活动水平不存在显著性相关，在调整后与女性老年人休闲性体力活动水平呈显著性相关，回归系数为1910.19，显著水平为$p=0.02$，即较好的城市美观性能够促进女性老年人参与更多的休闲性体力活动，提高其休闲性体力活动水平。

男性老年人休闲性体力活动水平的建成环境影响因素在经过人口社会学特征数据调整后也发生些许变化。调整前，男性老年人的建成环境影响因素有2个，分别是服务便捷性和土地混合利用度。较高的服务便捷性、住宅与不同目的地更近的步行距离能够促使男性老年人参与休闲性体力活动，提高其休闲性体力活动水平。在将人口社会学特征数据作为协变量纳入回归模型后，服务便捷性、土地混合利用度与男性老年人的休闲性体力活动水平相关关系未发生变化，同时社会安全成为男性老年人休闲性体力活动水平的影响因素。调整后社会安全的回归系数为791.36，显著水平为$p=0.05$，表明社会安全与男性老年人休闲性体力活动水平呈显著性正相关，即社会安全越好，男性老年人休闲性体力活动水平越高。

当不区分性别时，全体老年人休闲性体力活动水平与建成环境因素的相关性也会因模型的不同而有所差异。在经过人口社会学特征数据调整前，全体老年人的休闲性体力活动水平的建成环境影响因素有4个，包括居住密度、道路通达性、社会安全和土地混合利用度，这与女性老年人休闲性体力活动的建成环境因素相同。较低的居住密度、较高的道路通达性和社会安全，以及住宅与不同目的地更近的步行距离均能够显著性提高老年人休闲性体力活动水平。在将人口社会学特征数据纳入回归模型后，之前4个与老年人休闲性体力活动存在显著性相关的建成环境因素仍然具有显著性，同时城市美观性与老年人休闲性体力活动水平也呈显著性相关。在调整后的回归结果中，城市美观性与老年人休闲性体力活动水平呈显著性正相关，回归系数为782.04，显著水平为$p=0.03$，表明较好的城市美观性能够促进老年人休闲性体力活动水平的提高。

无论人口社会学特征数据与老年人休闲性体力活动水平是否存在显著性相关，将其作为协变量纳入回归模型后均会对原来的建成环境因素与老年人休闲性体力活动水平的相关性产生影响。男性老年人人口社会学特征与其休闲性体力活动水平不存在显著性相关，但男性老年人休闲性体力活动水平的建成环境因素由原来的2个变为3个。女性老年人人口社会学特征与其休闲性体力活动水平存在显著性相关，例如月收入状况与女性老年人休闲性体力活动水平呈显著性负相关。受模型变化影响，女性老年人的建成环境影响因素由原来的4个变为3个，具体的建成环境影响因素也发生了变化。除居住密度和土地混合利用度外，道路通达性、社会安全的显著性结果消失，城市美观性的显著性结果出现。不区分性别的全体老年人人口社会学特征与休闲性体力活动水平呈显著性相关的因素有2个，包括教育程度和月收入状况。受模型变化影响，老年人休闲性体力活动水平的建成环境影响因素在原来4个基础之上新增城市美观性。

前人相关研究同样发现，回归模型的不同会对居民体力活动水平和建成环境相关产生影响。余等人[1]在2017年4月至9月对深圳市坪山区1002名18—69岁成年人进行了问卷调查研究，分别采用国际体力活动短问卷（IPAQ-S）和中国城镇居民步行环境量表收集休闲性体力活动和建成环境数据。研究发现，当回归模型只包含建成环境因素时，5个建成环境因素（公共设施便捷性、道路状况、城市美观性、交通状况和社会安全）均与休闲性步行水平呈显著性正相关。其中，交通安全性的回归系数最高，为3.96，95%置信区间为2.94—5.34。道路状况的回归系数次之，为3.27，95%置信区间为3.27。城市美观性、社会安全、公共设施便捷性的回归系数分别为1.81、1.54、1.36。

在经过人口社会学特征数据调整后，5个建成环境因素仍然与休闲性步行水平呈显著性正相关，但回归系数略有降低。交通状况的回归系数仍然最高为3.72，较调整前的回归系数3.96略有减小。道路状况的回归系数为3.06，较调整前的3.27略有减小。其他3个建成环境因素的回归系数均有减小趋势。城市美观性由之前的1.81降至1.69，社会安全由之前的1.54降至1.50，公共设施的便捷性由之前的1.36降至1.26。在经过人口社会学特征数据和其他建成环境因素共同调整后，只有道路状况、城市美观性和交通状况与休闲性步行水平呈显著性相关，公共设施的便利性与社会安全不再与休闲性步行水平呈显著性相关。道路状况、交通状况、城市美观性的回归系数进一步降低至2.26、2.87、1.35。公共设施便捷性和社会安全的回归系数为0.80、1.12。

建成环境因素与中高强度休闲性体力活动水平的相关性也因模型

---

① YU T, FU M, ZHANG B, et al. Neighbourhood built environment and leisure-time physical activity: A cross-sectional study in southern China[J]. European Journal of Sport Science, 2020(4):19.

的变化而有所不同。在模型仅包含建成环境因素时，5个建成环境因素均与成年人休闲中高强度运动水平呈显著性相关。道路状况的回归系数最高，为2.26，95%置信区间为1.75—2.92。城市美观性的回归系数次之，为1.82，95%置信区间为1.50—2.20。公共设施便捷性的回归系数为1.30，95%置信区间为1.01—1.67。社会安全的回归系数为1.31，95%置信区间为1.07—1.61。交通安全性的回归系数为1.16，95%置信区间为0.89—1.53。在模型经过人口社会特征数据调整后，建成环境因素与中高强度休闲性体力活动水平的回归系数降低，公共设施的便捷性不再与中高强度休闲性体力活动水平呈显著性相关。公共设施便捷性的调整后回归系数为1.27，95%置信区间0.99—1.64。道路状况、城市美观性、社会安全、交通安全性的回归系数分别降至2.21、1.79、1.28、1.13。当将其他环境变量和人口社会学特征数据均纳入模型后，只有道路状况和城市美观性与中高强度休闲性体力活动水平存在显著性相关。道路状况和城市美观性的回归系数分别为1.84和1.55。

除了建成环境因素和人口社会学特征会影响居民休闲性体力活动水平，前人研究也提出社会支持（social support）、居民所感知到的益处和障碍（perceived benefits and barriers）及自我效能（self-efficacy）等因素均会对居民休闲性体力活动水平产生影响。伯姆（Boehm）等[1]对巴西老年人进行问卷调研后提出，社会支持是老年人休闲性体力活动水平的影响因素。他们于2014年对巴西南部城市的1285名年龄在60岁及以上的老年人进行了问卷调查，采用国际标准体力活动问卷和体

---

[1] BOEHM A W, MIELKE G I, DA CRUZ M F, et al. Social support and leisure-Time physical activity among the elderly: A population-based study[J]. Baltic Journal of Health and Physical Activity, 2016(13): 599-605.

力活动社会支持量表分别收集老年人休闲性体力活动水平和社会支持数据。结果表明，达到所建议的休闲性体力活动水平的老年人比例为18.4%。拥有家人或朋友陪同的老年人达到建议休闲性体力活动水平的概率比那些没有陪同的老年人高2.45倍。有陪同参与中高强度休闲性体力活动的老年人比那些没有陪同的达到建议水平的概率高3.23倍。但是，在一项研究中包含居民休闲性体力活动水平所有可能的因素明显不太现实。采用仅包含建成环境因素的模型或包含建成环境因素和部分其他影响因素的模型所得到的回归结果仍然对探讨建成环境与居民休闲性体力活动水平的相关性有一定的指导意义，这在一定程度上可以解释建成环境因素对居民休闲性体力活动水平的影响。

土地混合利用度

土地混合利用度与老年人休闲性体力活动水平呈显著性负相关，即土地混合利用度越低，老年人休闲性体力活动水平越高。在建成环境问卷中，土地混合利用度反映了老年人住宅与不同目的地的平均步行时间，评分越高代表老年人步行至不同目的地的平均步行距离越远。两者的负相关关系表明老年人住宅与不同目的地的步行距离越近，其休闲性体力活动水平越高。并且，回归结果还表明土地混合利用度与老年人休闲性体力活动水平的相关关系不受回归模型和性别的影响。当模型中未纳入人口社会学特征数据时，男性老年人的土地混合利用度回归系数为-1234.37，显著水平为$p=0.001$；女性老年人土地混合利用度的回归系数为-1497.49，显著水平为$p<0.001$。不区分性别的全体老年人土地混合利用度的回归系数为-1115.59，显著水平为$p<$

0.001。这表明土地混合利用度对男性老年人、女性老年人以及全体老年人的休闲性体力活动水平产生显著性影响。

在将人口社会学特征作为协变量纳入回归模型后，土地混合利用度与男性老年人、女性老年人和全体老年人休闲性体力活动水平的相关性仍然存在。经过人口社会学特征数据调整后，男性老年人的土地混合利用度回归系数为-1373.85；女性老年人的土地混合利用度回归系数为-1494.55；全体老年人的土地混合利用度回归系数为-1304.62，三者的显著水平未发生变化，与调整前保持一致。这表明经过人口社会学特征调整后，土地混合利用度仍然对男性老年人、女性老年人以及全体老年人的休闲性体力活动水平产生显著性影响。

土地混合利用度的回归结果表明，11—20分钟是老年人可以接受的步行距离，更近的距离能够提高老年人休闲性体力活动水平。在建成环境评价问卷中，土地混合利用度的评价采用李克特量表5级评价标准，（1）代表从住宅步行至不同目的地所需花费的步行时间为1—5分钟；（2）代表步行至不同目的地所花费的平均步行时间为6—10分钟；（3）代表所需花费的平均步行时间为11—20分钟；（4）代表所需花费的平均步行为21—30分钟；（5）代表所需要花费的平均步行时间为30分钟。男性老年人土地混合利用度的平均分为3.02，标准差为0.52，女性老年人土地混合利用度的平均分为3.20，标准差为0.54，这基本可以表明老年人从住宅步行至不同目的地大约所需花费的平均步行时间为11—20分钟，而这在老年人可接受的步行范围内。更近的步行距离，例如6—10分钟和1—5分钟能够促使老年人更多地参与休闲性体力活动，提高其休闲性体力活动水平。相反，目的地处于21—30分钟及30分钟以上的步行距离对老年人步行并不友好，可能使老年人放弃户外休闲性体力活动计划，不利于老年人休闲性体力活动水平的提高。

更近的目的地平均步行距离有利于提高老年人休闲性体力活动水平的结果与前人研究结果相一致。范迪克（Van Dyck）等[1]对比利时老年人步行骑行水平和建成环境因素进行调研后提出，目的地处于更近的距离对于提高老年人休闲性步行骑行水平及交通性步行骑行水平至关重要。该研究于2004—2010年间对48879名比利时老年人进行了问卷调查，采用自制问卷收集老年人步行骑行水平和建成环境数据。研究发现，服务设施处于更近的距离是老年人交通性步行水平的影响因素，其回归系数为1.19，95%置信区间为1.17—1.21。服务设施更近的距离与老年人交通性步行水平呈显著性正相关，即住宅与服务设施的距离越近，老年人交通性步行水平越高。此外，公共交通、人行道质量、绿化均是老年人交通性步行水平的影响因素。商店数量、社会安全是老年人休闲性步行骑行水平的影响因素。商店数量的回归系数为1.02，95%置信区间为1.01—1.03，与老年人休闲性步行骑行水平呈显著性正相关。社会安全的回归系数为0.95，95%置信区间为0.92—0.97，与老年人休闲性步行骑行水平呈显著性负相关。

对老年人进行居住地区和年龄进行分组讨论后，服务设施更近的距离与休闲性步行骑行水平呈显著性相关。在农村，75岁以下老年人的休闲性步行骑行水平与服务设施更近的距离呈显著性正相关，回归系数为1.07，95%置信区间为1.03—1.11，表明服务设施的距离越近，

---

[1]　VAN DYCK D, DE BOURDEAUDHUIJ I, CARDON G, et al. Criterion distances and correlates of active transportation to school in Belgian older adolescents[J]. International Journal of Behavioral Nutrition and Physical Activity, 2010(7):34.

老年人休闲性步行骑行水平越高。对于75岁及以上的老年人，其相应的回归系数为1.12，95%置信区间为1.07—1.17，休闲性步行骑行水平与服务设施更近的距离同样呈显著性正相关。在城郊，75岁以下老年人的回归系数为1.12，75岁及以上老年人的回归系数为1.06，均具有显著性。这表明城郊老年人休闲性步行骑行水平与服务设施更近的距离呈显著性正相关。在城市里，75岁以下老年人的回归系数为1.04，具有显著性，75岁及以上老年人的回归系数为1.02，不具有显著性。这表明城市中服务设施处于更近的距离是75岁以下老年人的休闲性步行骑行水平的影响因素。

国外综述性研究同样强调了目的地处于更近的步行距离对老年人体力活动的促进作用。塞林等[1]于2017年代表国际环境与体力活动委员会—老年人工作组[on Behalf of the Council on Environment and Physical Activity （CEPA）-Older Adults Working Group]发表了一篇综述，该综述主要探讨了老年人主动交通性体力活动（active travel）的建成环境影响因素，在综合42项实验性研究结果后提出：与老年人交通性体力活动呈显著性正相关的建成环境因素包括不同类型目的地的可及性、居住密度、道路的可步行性、道路通达性、服务设施便捷性、土地混合利用度、徒步友好型标志物。对于不同类型目的地的可及性，如果目的地处于距离住宅可步行的范围内，老年人有更大的可能性步行或骑行至目的地。然而，并非所有的目的地都与老年人步行骑行水平呈显著性相关。商店、快餐店、商业设施、政府服务机构、公交站

① CERIN E, NATHAN A, VAN CAUWENBERG J, et al. The Neighbourhood Physical 11 Environment and Active Travel in Older Adults: A Systematic Review and Meta-Analysis[J]. Journal of Transport & Health, 2017(5):11.

和娱乐设施对于促进老年人步行骑行水平更为重要。

本章研究还发现，男性老年人和女性老年人所感知的住宅与不同目的地的步行距离存在显著性差异，女性老年人所感知的步行距离显著高于男性老年人。男性老年人土地混合利用度平均评分为3.02，女性老年人的平均评分为3.20，两者间存在显著性差异，显著水平为 $p=0.006$。男性老年人和女性老年人的土地混合利用度评分表明他们大约都需要花费11—20分钟的时间步行至目的地，女性所需花费的时间略高于男性。尽管男性老年人和女性老年人在土地混合利用度评分上存在显著性差异，但这没有对男性和女性老年人休闲性体力活动水平与土地混合利用度的相关性产生影响。回归结果表明，目的地与住宅更近的步行距离均能促进男性老年人和女性老年人的休闲性步行水平提高。

服务便捷性

更好的服务便捷性能够促进男性老年人休闲性体力活动水平的提高。回归结果表明，无论是否将人口社会学特征纳入回归模型，男性老年人的休闲性体力活动水平均与服务便捷性呈显著性相关，而女性老年人休闲性体力活动水平与服务便捷性不存在显著性相关。在未将人口社会学特征作为协变量纳入回归模型时，男性老年人的服务便捷性回归系数为2311.60，显著水平为 $p=0.001$；在经过人口社会学特征调整后，男性老年人的服务便捷性的回归系数为2553.58，显著水平为 $p=0.001$。这表明男性老年人休闲性体力活动水平与服务便捷性呈显著性相关，即服务便捷性越好，男性老年人休闲性体力活动水平越高。女性老年人服务便捷性的回归系数在经过人口社会学特征调整前后分别为-1439.74和-895.73，均不具有显著性，表明女性老年人的休闲性体力活动水平不受服务便捷性的影响。以上结果提示，服务便捷性是男性老年人参与休闲体育锻炼的重要考量因素，而不是女性老年人的主要关注点。

本章还发现，男性老年人的服务便捷性评分显著高于女性老年人，表明男性老年人对住宅附近的服务便捷性满意度更高。男性老年人服务便捷性平均评分为2.86，标准差为0.23，代表男性老年人对服务便捷性的满意度处于不太满意和基本满意间，倾向于基本满意。女性老年人服务便捷性平均评分为2.75，标准差为0.25，代表女性老年人对服务便捷性的满意度同样处于不太满意和基本满意间，倾向于基本满意。女性老年人对服务便捷性的满意度显著低于男性老年人，两者差异的显著水平为$p=0.006$，存在显著性差异，这与世界银行发布的报告相关结论一致。世界银行于2020年发布的《包含性别因素的城市规划建设白皮书》（*Handbook for Gender-Inclusive Urban Planning Design*）[1]中提到，公共区域的设计更多的是满足男性的需求而较少考虑女性的需求，这导致女性使用公共区域的概率降低了约15%，从而间接降低了女性的体力活动水平。

服务便捷能够促进老年人休闲性体力活动水平的提高与前人研究

---

① THE WORLD BANK. Handbook for Gender-Inclusive Urban Planning Design[R]. Washington, DC: The World Bank, 2020.

结果相一致。在一篇综述中，班纳特（Barnett）等[①]提到有大量研究证据表明服务便捷性与老年人整体体力活动水平和步行水平呈显著性正相关关系。其中，目的地和服务便捷性显著水平为$p<0.001$，娱乐设施便捷性显著水平为$p<0.001$，公园等公共场所便捷性显著水平为$p=0.002$，商店等商业设施便捷性的显著水平为$p=0.006$。班纳特等对2000年1月1日至2016年9月3日发表的研究对象为65岁及以上老年人的实验性研究进行文献检索。关键词搜索后发现19055篇文章，去除重复性文章后为12087篇。基于题目筛选剩余1060篇文章，基于摘要筛选剩余530篇文章，基于全文筛选剩余97篇文章，后手工搜索发现3篇相关文章，最终纳入分析的文章数量为100篇。其中，9%的文章被认定为高质量文章，55%被认定为中等质量文章，36%被认定为低质量文章。30%的文章对公园等公共区域的便捷性进行了评价，26%的文章对商店等商业设施进行了评价，另有部分文章对其他服务设施便捷性进行了评价。

关于服务便捷性与老年人体力活动水平和步行水平的相关性，这篇综述提到有充分的证据表明服务便捷性对促进老年人体力活动水平有显著效果，无论老年人体力活动的测量工具是主观的还是客观的。同样有证据表明服务便捷性对促进老年人步行水平有显著效果，尤其是采用客观性老年人步行水平测量手段的文章。具体到服务设施的类

① BARNETT D, BARNETT A, NATHAN A, et al. On behalf of the Council on Environment and Physical Activity (CEPA)—Older Adults working group. Built environmental correlates of older adults' total physical activity and walking: A systematic review and meta-analysis[J]. International Journal of Behavioral Nutrition and Physical Activity, 2017(14):23.

型，有证据表明商店等商业设施、公共交通、公园等开放性场所和娱乐设施的便捷性是老年人体力活动的主要促进因素。没有证据表明快餐店、政府服务机构、教育机构、健康（老年）护理机构、宗教机构、社会性娱乐设施和其他服务设施的便捷性对老年人体力活动有明显促进作用。

采用客观测量工具评价的商店等商业设施和公共交通设施便捷性与采用主观评价的老年人体力活动水平呈显著性相关，这是因为去商店是老年人离开家的主要动机，是他们日常生活的重要组成部分。确保老年人住宅附近有易于到达的商店有助于将提高身体健康水平的体力活动纳入老年人日常生活。同时，更好的公共交通设施便捷性不仅能够提高老年人身体活动水平，而且能够降低其对私家车的依赖。对于老年人，尤其是那些对自己驾驶技术不自信或已丧失开车能力但仍需日常出行的老年人而言，更好的公共交通便捷性能够保持其日常活动能力，降低其独处的风险。

同样有充分的证据表明，公园等公共设施及娱乐设施便捷性是老年人体力活动水平的影响因素，尤其是采用客观工具测量老年人体力活动水平时。但若考虑建成环境因素的测量工具，老年人体力活动水平与主观测量的公园等公共设施和娱乐设施便捷性呈显著性相关，与客观测量的公园等公共设施和娱乐设施便捷性并不存在显著性相关。公园等公共设施便捷性与老年人步行水平也呈显著性相关。当考虑建成环境测量工具时，这种相关关系更多存在于采用客观性评价工具时。需要注意的是，采用客观性评价工具所发现的公园等公共设施便捷性与老年人步行水平存在显著性相关主要是来自波兰和美国的研究。公园等公共设施和娱乐设施的便捷性能够促进老年人体力活动是因为绿地能够给老年人带来心理上的放松以及更多社会交流活动（例如，共同和朋友在公园里步行、在娱乐设施健身等）。

居住密度

较高的居住密度能够促进女性老年人休闲性体力活动水平的提高。无论是否将人口社会学特征作为协变量纳入回归模型，居住密度与女性老年人休闲性体力活动均呈显著性正相关。在不包含人口社会学特征的回归模型中，女性老年人居住密度的回归系数为5.63，显著水平为$p<0.001$；在包含人口社会学特征的回归模型中，女性老年人居住密度的回归系数为5.10，显著水平同为$p<0.001$。两个回归模型的结果均表明，女性老年人休闲性体力活动水平与居住密度存在显著性正相关关系，即居住密度越高，女性老年人休闲性体力活动水平越高。居住密度与男性老年人休闲性体力活动水平不存在显著性相关。在不包含人口社会学特征的模型中，男性老年人居住密度的回归系数为0.12，显著水平为$p=0.94$；在包含人口社会学特征模型中，男性老年人居住密度的回归系数为0.001，显著水平为$p=1.00$。当不区分性别将老年人作为整体研究时，居住密度与全体老年人休闲性体力活动水平呈显著性正相关。在不包含人口社会学特征模型中，全体老年人居住密度的回归系数为3，显著水平为$p=0.003$。在包含人口社会学特征模型中，全体老年人居住密度的回归系数为3.88，显著水平为$p<0.001$。这表明居住密度与全体老年人休闲性体力活动水平存在显著性相关关系，这主要是因为女性老年人休闲性体力活动水平与居住密度存在显著性相关关系，与男性老年人无关。

　　更高的居住密度能够促使女性老年人参与更多的休闲性体力活动，这可能是因为以广场舞为代表的休闲体育锻炼项目主要由女性老年人参加。近年来，广场舞已成为我国广大城市居民晚饭后重要的娱乐休闲活动。广场舞的兴起一方面得益于其体育休闲和社会交流的多样化功能，另一方面得益于国家政策方面的肯定与支持。2016年，国务院在《全民健身计划（2016—2020年）的通知》中特别指出，"今后要大力发展健身跑、健步走……广场舞等人民群众喜闻乐见的运动项目"，这为广场舞的迅猛发展提供了政策的支持。并且，广场舞作为一项体育休闲项目，除了具有锻炼身体、增强体质、调节身心、缓解压力的作用，同时也具有增加交流、构建和谐社会的功能。因此，广场舞深受广大人民群众的热爱，而参与者以女性老年人居多。更高的居住密度有利于女性老年人在参与广场舞等休闲体育活动时找到同伴，促进其参与休闲性体力活动，提高女性老年人休闲性体力活动水平。男性老年人休闲性体力活动水平与居住密度不存在显著性相关关系，可能与男性老年人较少参与广场舞等休闲体育项目有关。男性老年人更多地参与休闲性步行等对人数没有要求的休闲体育项目，公园等公共设施的便捷性是男性老年人休闲性体力活动水平的主要影响因素，这与本章关于服务便捷性与男性老年人休闲性体力活动呈显著性相关的结果相一致。

　　国内外同样有研究表明，较高的居住密度能够促进老年人休闲性体力活动水平的提高。在本书第二章中，本书团队在温州市的调研结果同样发现居住密度与老年人休闲性体力活动水平存在显著性正相关。温州市老年人居住密度的回归系数为4.24，显著水平为$p=0.03$，代表温州市老年人休闲性体力活动水平与居住密度存在显著性正相关，即居住密度越高，老年人休闲性体力活动水平越高。周等人[①]对上海市成年人调研结果同样发现居住密度与城市居民的休闲性体力活动水平存在显著性正相关。人口社会学特征调整前后的居住密度优势比均为1.003，95%置信区间分别为1.001—1.005，1.000—1.005。在国外，杉山（Sugiyama）等[②]对12个国家的13745名成年人休闲性步行水平和建成环境因素进行调查研究后提出，居住密度是成年人休闲性步行水平的促进因素。

杉山等人的研究是基于国际体力活动和环境网络成年人项目（The International Physical Activity and the Environment Network，IPEN）开展的一项多国共同参与的观察性流行病学横断面研究。调研的对象包括澳大利亚、比利时、巴西、哥伦比亚、捷克、丹麦、墨西哥、新西兰、西班牙、英国和美国等，受试者对象为年龄在18—66岁的成年人。休闲性步行的调研工具为国际体力活动问卷（IPAQ）。受试者自我报告过去7天内参与持续时间10分钟以上休闲性步行的天数及其中一天的平均步行时间。采用邻近环境步行量表（NEWS）或其简化版（NEWS-A）收集建成环境数据。研究发现，各国的居住密度差异较大。新西兰的居住密度最低，为20。此外，澳大利亚的居住密度为36，比利时为84，巴西为100，哥伦比亚为77，捷克为91，丹麦为86，墨西哥为38，西班牙为200，英国为40，美国为50。

① ZHOU R, LI Y, UMEZAKI M, et al. Association between physical activity and neighborhood environment among middle-aged adults in Shanghai[J]. Journal of Environmental and Public Health, 2013(23):95.

② SUGIYAMA T, CERIN E, OWEN N, et al. Perceived neighbourhood environmental attributes associated with adults' recreational walking: IPEN Adult study in 12 countries[J]. Health Place, 2014(28):22-30.

　　研究结果表明，对于休闲性步行时间不为零的成年人，每周休闲性步行时间与居住密度呈显著性正相关，回归系数为1.001，95%置信区间为1.000—1.001，显著水平为$p=0.005$。该回归系数代表居住密度每增加1个单位的值，休闲性步行时间就增加1%，即居住密度越高，成年人每周休闲性步行时间越高。对于每周休闲性步行次数不为零的成年人，居住密度与每周休闲性步行次数不存在显著性相关，回归系数为1.001，95%置信区间为0.999—1.003，显著水平为$p=0.138$。这篇研究提出，居住密度与成年人每周休闲性步行时间的关系可能呈倒U形，即对于除香港地区外的居住密度普遍不高的地区而言，居住密度与成年人每周休闲性步行时间呈显著性正相关，即居住密度越高，休闲性步行时间越长。但对于香港这种居住密度过高的地区，居住密度可能成为成年人参与休闲性步行的阻碍因素。通过回归分析，他认为这种相关关系的转折点大约为居住密度达到300。

　　虽然杉山等人的研究提出居住密度与居民休闲性步行水平的关系会随居住密度的升高而发生变化，即在相对较低居住密度地区的正相关关系可能转化为较高居住密度地区的负相关关系，但该研究的调研对象只包含香港地区一个高居住密度地区，其相关结论有待更多的科学证据证明。在我国，居住密度是居民体力活动的促进因素还是阻碍因素仍存在争议。周等人在上海市的调研及于等人在温州市的调研结果均表明较高的居住密度能够促进居民体力活动水平的提高，但在西安市[①]、杭州市[②]的调研结果表明较低的居住密度能够促进居民体力活动水平的提高。这一方面与调研对象的不同有关，另一方面可能与不同城市受试者在人口社会学特征存在差异有关。本书的调研对象为老年人，而西安市和杭州市研究的调研对象均为一般成年人。与一般成年人相比，老年人受到来自家庭和工作的压力要小很多，并且有更多的空闲时间参与休闲性体力活动。本书所调研的温州和金华在经济规模和人口数量上均与西安、杭州存在明显差异，这造成受试者人口社会学特征的差异。以上这些因素均有可能对居住密度和体力活动水平的相关性产生影响。

其他建成环境影响因素

金华市男性老年人休闲性体力活动水平除了受上文中的服务便捷性和土地混合利用度两个建成环境因素影响外，经过人口社会学特征调整后它还受到社会安全的影响。金华市女性老年人除了受上文中的居住密度和土地混合利用度影响外，还受到道路通达性、社会安全影响，以及经过人口社会学特征调整后受到城市美观性的影响。不区分性别将老年人作为整体研究时，全体老年人休闲性体力活动水平除了

① SUN Y, HE C, ZHANG X, et al. Association of built environment with physical activity and physical fitness in men and women living inside the CityWall of Xi'an, China[J].International Journal of Environmental Research and Public Health, 2020, 17(14):4940.

② SU M, TAN Y Y, LIU Q M, et al. Association between perceived urban built environment attributes and leisure-time physical activity among adults in Hangzhou, China[J]. Preventive Medicine, 2014(66): 60-64.

受到居住密度和土地混合利用度影响外，还会受到道路通达性、城市美观性和社会安全影响。

关于社会安全，女性老年人休闲性体力活动水平及调整后回归模型中的男性老年人休闲性体力活动水平与其呈显著性相关。女性老年人社会安全的回归系数为 1949.78，显著水平为 $p=0.003$，表明女性老年人休闲性体力活动水平与社会安全呈显著性正相关，即社会安全越好，女性老年人休闲性体力活动水平越高。在调整后回归模型中，男性老年人社会安全的回归系数为 791.36，显著水平为 $p=0.05$，表明男性老年人休闲性体力活动水平与社会安全同样呈显著性正相关，即社会安全越好，男性老年人休闲性体力活动水平越高。对于不区分性别的全体老年人，经过人口社会学特征调整前后的回归结果均表明社会安全与全体老年人休闲性体力活动水平呈显著性正相关。在调整前模型中，全体老年人社会安全的回归系数为 895.23，显著水平为 $p=0.003$；在调整后模型中，全体老年人社会安全回归系数为 711.38，显著水平为 $p=0.01$。调整前后回归结果均表明，社会安全是老年人休闲性体力活动水平的重要影响因素。

社会安全是居民体力活动水平的主要影响因素，这与前人研究结果相一致，但类似发现主要出现在海外以及我国香港地区研究，内地研究类似发现相对较少。塞林等对香港地区 484 名老年人调研后提出，社会安全会对香港老年人休闲性步行水平和休闲性体力活动水平产生影响。在休闲性步行水平方面，犯罪与社会混乱迹象（signs of crime/disorder）与其呈显著性负相关，回归系数为 0.87，95%置信区间为 0.81—0.93，显著水平为 $p<0.001$。这表明社会犯罪现象越严重，老年人休闲性步行水平越低，也提示社会安全是香港老年人参与休闲性

步行的重要影响因素。社会安全的改善有利于老年人休闲性体力活动水平的提高。在休闲性体力活动水平方面，老年人不参与休闲性体力活动的概率与犯罪与社会混乱迹象呈显著性正相关，回归系数为1.52，95%置信区间为1.13—2.07，显著水平为 $p < 0.001$。这表明犯罪与社会混乱迹象越严重，老年人不参与休闲性体力活动的概率越高，即社会安全是老年人休闲性体力活动水平重要影响因素。安全稳定的社会环境对提高老年人休闲性体力活动水平至关重要。

然而，我国内地研究较少发现社会安全与居民体力活动水平存在显著性相关。例如，吴等人对南京市19个社区的399名老年人调研后并未发现社会安全与老年人休闲性体力活动水平存在显著性相关关系，而道路通达性和人行道坡道才是当地老年人休闲性体力活动的建成环境影响因素。回归结果表明，社会安全的回归系数为4.64，显著水平为 $p = 0.12$，表明社会安全与老年人休闲性体力活动水平不存在显著性相关。经过人口社会学特征调整后，社会安全的回归系数为0.31，显著水平为 $p = 0.92$，同样表明社会安全与老年人休闲性体力活动水平不存在显著性相关。类似的发现也出现在上海、西安、杭州、深圳等地的调查研究中。如前所示，我国居民的安全感居世界领先地位，因此，我国内地较少有研究报道社会安全是居民体力活动水平的影响因素。但由于我国内地居民体力活动水平与建成环境因素相关性的研究相对较少，而本书发现社会安全与老年人休闲性体力活动存在显著性相关，因此，社会安全是否会影响居民体力活动水平有待进一步研究。

在道路通达性方面，女性老年人休闲性体力活动水平与其存在显著性相关，男性老年人休闲性体力活动与其并不存在显著性相关。当不区分性别时，全体老年人样本的休闲性体力活动水平与道路通达性呈显著性相关，这主要是受女性老年人休闲性体力活动水平与道路通达性存在显著性相关的影响，与男性老年人无关。女性老年人道路通达性的回归系数为1432.46，显著水平为$p=0.007$，表明女性老年人休闲性体力活动水平与道路通达性存在显著性正相关关系，即道路通达性越好，女性老年人休闲性体力活动水平越高。对于全体老年人样本，道路通达性的回归系数为612.14，显著水平为$p=0.05$，表明全体老年人休闲性体力活动水平与道路通达性存在显著性正相关。全体老年人道路通达性的回归系数与显著水平均较女性老年人有所下降，这主要是由研究样本中加入了休闲性体力活动水平不受道路通达性影响的男性老年人引起的。经过人口社会学特征调整后，全体老年人样本的道路通达性回归系数为713，显著水平为$p=0.02$，同样表明老年人休闲性体力活动水平与道路通达性存在显著性正相关。

良好的道路通达性能够提高居民休闲性体力活动水平的研究发现与国外研究结果相一致。塔克特（Tuckett）等[1]在2018年发表的综述中提出，道路通达性是老年人体力活动水平的重要影响因素。该综述对2005年至2016年发表的相关实验性文章进行文献检索后提出道路通达性与居住密度、土地混合利用度是可步行社区（walkable neighbourhood）的重要指标，而社会的可步行性（walkability）与居民更高的

---

① TUCKETT A G, BANCHO A W,WINTER S J, et al. The built environment and older adults: A literature review and an applied approach to engaging older adults in built environment improvements for health[J]. International Journal of Older People Nursing, 2018(13):12-17.

体力活动水平和较低的肥胖率显著性相关。塞林等[1]于2017年发表的综述提出，道路通达性与老年人的主动移动（active travel）行为水平存在显著性相关。具体而言，道路通达性与老年人整体步行水平存在显著性相关，显著水平为$p=0.014$；与老年人社区内步行水平存在显著性相关，显著水平为$p=0.046$；与包括骑行在内的整体主动移动活动水平呈显著性相关，显著水平为$p=0.002$。同时，这篇综述也提出，与主观性评价道路通达性的研究相比，道路通达性与老年人主动移动行为水平存在的显著性相关更多是出现在客观性地评价道路通达性的研究之中。道路通达性之所以和老年人主动移动行为水平存在显著性关系是因为更容易地到达不同目的地是老年人主动移动行为重要的组成部分。严（Yen）等人[2]于2009年发表的综述提出，道路通达性与老年人的步行水平存在显著性相关。

在城市美观性方面，本章仅在经过人口社会学特征调整后的模型中发现其与女性老年人和不区分性别的全体老年人休闲性体力活动水平存在显著性相关。在未经过人口社会学特征调整的模型中，未发现城市美观性与男性老年人、女性老年人以及全体老年人样本的休闲性体力活动水平存在显著性相关。在调整后模型中，女性老年人城市美观性的回归系数为1910.19，显著水平为$p=0.02$，表明女性老年人休闲

① CERIN E, NATHAN A, VAN CAUWENBERG J, et al. The neighbourhood physical environment and active travel in older adults: A systematic review and meta-analysis[J]. International Journal of Behavioral Nutrition and Physical Activity, 2017(14): 15.

② YEN H, MICHAEL Y L, PERDUE L. Neighborhood environment in studies of health of older adults: A systematic review[J]. American Journal of Preventive Medicine, 2009(37): 455-463.

性体力活动水平与城市美观性呈显著性正相关，即城市美观性越好，女性老年人休闲性体力活动水平越高。在调整后模型中，全体老年人样本的城市美观性回归系数为782.04，显著水平为$p=0.03$，表明全体老年人休闲性体力活动水平与城市美观性存在显著性正相关。全体老年人的显著性结果主要是因为女性老年人休闲性体力活动水平与城市美观性存在显著性相关，与男性老年人无关。对于城市美观性的评分，女性老年人和男性老年人并不存在显著性差异。女性老年人的城市美观性评分为2.63，男性老年人城市美观性的评分为2.65，男性略高于女性，两者差异的显著水平为$p=0.74$，并不存在显著性差异。评分数值表明，金华市老年人对城市美观性的满意度处于不太满意和基本满意间，倾向于基本满意。金华市男性老年人与女性老年人对城市美观性的评价基本一致，但对两者休闲性体力活动的影响有所不同。城市美观性是女性老年人参与休闲性体力活动的考虑因素，更好的城市美观性有利于其参与休闲性体力活动。但是，城市美观性并不是男性老年人参与休闲性体力活动的主要考量，并不会对其休闲性体力活动水平产生影响。

本章关于城市美观性促进居民休闲性体力活动水平的发现与前人研究结果相一致。豪瑞吉等[1]于2011年对墨西哥377名20—64岁成年人调研后提出，城市美观性与居民参与休闲性步行和休闲性中高强度运动的时间存在显著性正相关，即城市美观性越好，居民的休闲性步行水平和休闲性中高强度运动水平越高。该研究是"国际体力活动与

---

① JAUREGUI A, SALVO D, LAMADRID-FIGUEROA H, et al. Perceived neighborhood environmental attributes associated with leisure-time and transport physical activity in Mexican adults[J]. Preventive Medicine, 2017(103):21-26.

环境网络——墨西哥项目"的一部分，调研城市为库埃纳瓦卡。采用国际体力活动问卷（IPAQ）和简化版邻近环境步行量表（NEWS-A）收集受试者休闲性体力活动和建成环境数据。研究发现，社会经济地位较低居民的休闲性步行参与度与城市美观性呈显著性正相关。城市美观性每一单位幅度的增长能够显著地提高社会经济地位较低居民123%（43%—249%）的休闲性步行参与度，但这种相关性随着居民社会经济地位的提高而减弱。居民休闲性步行时间与城市美观性呈显著性相关，并且不受居民社会经济状况的影响。城市美观性每增加一个单位的幅度，居民休闲性步行时间增长92%（18%—213%）。城市美观性与居民休闲性中高强度运动水平也呈显著性相关。每增加一个单位幅度的城市美观性，居民休闲性中高强度运动的参与度提高33%（4%—70%），居民休闲性中高强度运动的时间提高67%（12%—149%）。

该研究关于城市美观性与居民休闲性体力活动的发现提示，第一，城市美观性对居民决定是否参与不同类型的休闲性体力活动产生影响（步行或中高强度运动）。城市美观性并不是居民参与休闲性步行的建成环境影响因素，尤其对于社会经济地位较高的居民，但城市美观性是居民参与休闲性中高强度运动的重要影响因素。第二，社会经济地位较低的居民可能对建成环境对体力活动的影响更为敏感。这是因为社会经济地位较低的居民经常进行交通性体力活动，外出更为频繁，因此他们对住宅附近的环境感受更多，体力活动水平也更易受到建成环境因素的影响。前人有关客观和主观建成环境测量手段相关性的研究发现，没有私家车的居民对住宅附近的建成环境感受更为强烈。

本章的优势与局限性

本章的优势有以下三点。第一，本章探讨了建成环境因素对老年人休闲性体力活动水平影响的性别差异，研究发现男性老年人与女性老年人休闲性体力活动水平的建成环境影响因素不尽相同，并且女性老年人休闲性体力活动水平更易受到建成环境因素的影响。例如，男性老年人休闲性体力活动水平的建成环境影响因素主要有两个，分别是服务便捷性和土地混合利用度；女性老年人休闲性体力活动水平的建成环境影响因素主要有四个，分别是居住密度、道路通达性、社会安全和土地混合利用度。除土地混合利用度是男性老年人和女性老年人休闲性体力活动水平的共同影响因素外，其他建成环境影响因素均不同。从建成环境影响因素的数量可以看出，女性老年人休闲性体力活动水平的建成环境影响因素更多，说明女性老年人休闲性体力活动水平更易受到建成环境因素的影响。

第二，本章的目标城市为我国中型城市金华，弥补了我国在该级别城市相关研究的不足。我国已有研究的目标城市多为在人口数量和经济规模上排名全国前20位的超大型城市和大型城市，比如上海、深圳、杭州、南京、西安等，而类似金华的中型城市相对较少。本书团队在第二章对温州市老年人休闲性体力活动水平和建成环境因素的相关性进行了探讨，在本章又对金华市建成环境对老年人休闲性体力活动水平进行了探讨，这有助于充实我国中型城市相关研究数据库，为更全面地探讨我国城镇建成环境对老年人休闲性体力活动水平的影响提供了科学依据。但是，不可否认的是，我国在中型城市和小型城市的相关研究还有待进一步开展。

第三，本章还探讨了回归模型的不同是否以及在多大程度上会对建成环境和老年人休闲性体力活动水平的相关性产生影响。研究发现，无论人口社会学特征是否与老年人休闲性体力活动水平存在显著性相关性，将其作为协变量纳入回归模型均会对建成环境和老年人休闲性体力活动水平的相关产生一定程度的影响。例如，对于男性老年人，经过人口社会学特征调整后，社会安全成为男性老年人休闲性体力活动水平新的建成环境影响因素；对于女性老年人，在经过人口社会学特征调整后，城市美观性成为其休闲性体力活动水平的影响因素，而先前和女性老年人休闲性体力活动水平相关的道路通达性和社会安全不再是其休闲性体力活动的影响因素；对于全体老年人样本，在经过人口社会学特征调整后，城市美观性成为老年人休闲性体力活动水平的影响因素，其他建成环境影响因素保持不变。前人研究也提示，回归模型的不同会在一定程度上对建成环境和居民体力活动水平的相关性产生影响。因此，在进行相关研究时采用不同回归模型进行分析对于更为全面准确地探讨建成环境对居民体力活动水平的影响十分有必要。同时，我们也需要考虑到，社会支持、心理状况等诸多因素均会对居民的体力活动水平产生影响，而一项研究同时包含体力活动所有可能的影响因素明显不太现实，未将其他可能的影响因素纳入回归模型或部分纳入回归模型的研究结果也可以在一定程度上探讨这类影响。

本章的局限性有以下三点。首先，尽管我们在调研前对团队成员进行了充分的培训，并在调研时采用一对一采访的形式，但自我评估的问卷调查的方法及横断面调研法不可避免地会产生个人误差，这可能会对建成环境因素与老年人休闲性体力活动水平的相关性产生一定影响。其次，虽然本书将人口社会学特征作为协变量纳入回归模型，但并未将社会和心理等因素纳入回归模型，这在一定程度上可能影响建成环境和老年人休闲性体力活动的相关性。前人研究提示社会和心理等方面的因素会对居民体力活动水平产生影响。德福奇（Deforche）等人[①]于2008年1月至5月对比利时1445名青少年的社会环境因素和体力活动水平进行了调查研究。研究后发现，社会环境因素与青少年体力活动水平存在显著性相关。来自家人和朋友的社会支持与主动交通性体力活动和休闲性体力活动水平存在显著性相关。家人的支持与主动交通性体力活动的相关性显著水平为$p<0.05$，与休闲性体力活动水平的相关性显著水平为$p<0.001$。朋友支持与休闲性体力活动相关性显著水平为$p<0.001$，与休闲性体力活动水平相关性显著水平为$p<0.001$。最后，本章的样本量相对较少，可能对建成环境和老年人休闲性体力活动的相关性产生影响。至于扩大样本量后金华市老年人休闲性体力活动水平的建成环境影响因素是否会发生变化，还有待进一步研究确认。

---

① DEFORCHE B, VAN DYCK D, VERLOIGNE M, et al. Perceived social and physical environmental correlates of physical activity in older adolescents and the moderating effect of self-efficacy[J]. Preventive Medicine, 2010(50):24-29.

第五节　本章结语

对于金华市老年人，男性和女性休闲性体力活动的建成环境影响因素不尽相同。更好的服务便捷性、住宅与不同目的地更近的平均步行距离能够促进男性老年人参与休闲性体力活动。更高的居住密度、更好的道路通达性和社会安全以及住宅与不同目的地更近的平均步行距离能够促进女性老年人参与休闲性体力活动。因此，政府相关部门在城镇建成环境规划时应充分考虑男性老年人和女性老年人的需求差异，构建老年友好型城镇环境，以调动老年人参与休闲性体力活动的积极性，提高其休闲性体力活动水平。

女性老年人的休闲性体力活动水平更易受到建成环境的影响。女性老年人休闲性体力活动的建成环境影响因素主要有4个，而男性老年人休闲性体力活动的建成环境影响因素主要有2个。更多的建成环境影响因素表明女性老年人的休闲性体力活动水平更易受到建成环境因素的影响，即女性老年人在参与休闲性体力活动时，会考虑更多的建成环境因素。例如，居住密度只会对女性老年人休闲性体力活动水平产生影响，更高的居住密度有利于提高女性老年人休闲性体力活动水平。这主要是因为更高的居住密度有利于老年人在参加广场舞等群众性休闲体育项目时找到同伴，而以广场舞为代表的休闲体育项目的主要参与者为女性老年人。此外，道路通达性、社会安全均只是女性老年人休闲性体力活动水平的影响因素，对男性老年人休闲性体力活动水平没有影响。男性老年人的休闲性体力活动以休闲性步行为主，因此公园等公共设施的服务便捷性是其休闲性体力活动水平的主要影响因素。

土地混合利用度是男性老年人和女性老年人休闲性体力活动唯一共同的影响因素，这提示住宅与不同目的地的平均步行距离越近，老年人休闲性体力活动水平越高。调研结果表明，金华市老年人步行至不同目的地所需花费的步行时间约为10分钟，这在老年人可承受的步行范围内。更近步行距离例如1—5分钟或6—10分钟能够促进老年人更多参与休闲性体力活动，而21—30分钟及30分钟以上的平均步行距离对老年人并不友好，会成为阻碍其参与休闲性体力活动的建成环境因素。因此，在老年人住宅附近可步行的范围内建设多样化的公共服务设施、商业设施、教育设施对提高其休闲体力活动水平有积极的促进作用。

我国中小型城市建成环境对老年人休闲性体力活动影响的研究相对较少，有待未来更多的相关研究提供科学数据，以更为全面准确地探讨我国中小城市的建成环境对老年人休闲性体力活动水平的影响。

第四章

义乌市建成环境
对老年人休闲性体力
活动水平影响的研究

第一节　研究背景与目的

已有大量研究表明，建成环境是老年人休闲性体力活动的重要影响因素，但同时探讨老年人休闲性步行和休闲性体力活动水平的建成环境影响因素的研究相对较少。休闲性步行作为老年人最常参与的休闲性体力活动，因为其可以保持老年人身体与心理上的健康，已引起了越来越多的研究人员的关注。有大量研究证据表明，休闲性步行可以有效改善老年人的健康状况，如降低糖尿病、高血压和阿尔茨海默病风险。例如，西蒙西克（Simonsick）等[1]发表的纵向研究提示，拥有步行习惯的女性老年人的身体健康状况明显好于没有步行习惯的老年人。

1992年11月至1995年2月，该研究对800名女性老年人进行了跟踪调查，每半年对受试者进行身体功能测试和问卷调查。研究发现，每周累积步行至少8个街区的老年人身体和心理状况显著好于没有步行习惯的老年人。拥有步行习惯老年人的心肺系统疾病发生率为38.1%，而没有步行习惯老年人心肺系统疾病发生率为49.5%，两者间存在显著性差异，显著水平为$p=0.005$。在心理方面，拥有步行习惯老

---

① SIMONSICK E M, GURALNIK J M, VOLPATO S, et al. Just get out the door! Importance of walking outside the home for maintaining mobility: Findings from the Women's Health and Aging Study[J]. Journal of The American Geriatrics Society , 2005(53):198-203.

年人心理沮丧的发生率为8.4%，而没有步行习惯老年人的发生率为18.5%，两者间同样存在显著性差异，显著水平为$p=0.001$。该研究总结道，步行带给女性老年人健康的益处包括减少心理失落、身体肥胖和心血管疾病的发生率，以及提升肺活量、步行速度和踝—手臂指数（主要评价身体柔韧性）。在一年的时间跨度内，有步行习惯老年人维持原有步行能力的概率是没有步行习惯老年人的1.8倍（95%置信区间为1.2—2.7倍）。步行减速的幅度也更低（0.009m/s vs—0.070m/s），显著水平为$p=0.001$。身体机能评分降低的幅度也更低（-0.17 vs -0.73），显著水平为$p=0.01$。

恽（Yun）等人[1]于2019年发表的综述提出，建成环境是老年人步行水平重要的影响因素。该研究对2000年1月至2016年1月间发表的实验性文章进行了检索，共有70篇符合要求的文章纳入综述范围。研究发现，老年人交通性步行水平最易受到建成环境因素的影响。与交通性步行水平相关的建成环境因素包括可步行性（walkability）、都市化（urbanization）、土地混合利用多样性和可及性（land use mix-diversity and accessibility）、步行便利设施（walking amenities）和自行车道（bicycle lanes）。休闲性步行水平的建成环境因素为公共交通站点的距离（nearness to public transport/bus stops）。另外，社区整体收入状况和社会凝聚力也会对休闲性步行水平产生影响。老年人整体步行水平的建成环境影响因素是可步行性和都市化。该研究还指出，在高居住密度地区香港，老年人的步行以交通性步行和休闲性步行为主；而在低

---

① YUN H Y. Environmental factors associated with older adult's Walking behaviors: A systematic review of quantitative studies[J]. Sustainability, 2019(11): 32-53.

居住密度地区，老年人步行以休闲性步行为主，较少参与交通性步行。

　　建成环境对老年人休闲性体力活动水平也会产生显著性影响，但影响因素可能与老年人休闲性步行水平的影响因素有所不同。范考文博格等[①]对2000年1月至2017年12月间发表的文章进行了检索，对72篇探讨老年人休闲性体力活动水平的文章进行系统综述和荟萃分析（systematic review and meta-analysis）后发现，老年人休闲性步行水平和休闲性体力活动水平的建成环境影响因素有所差异。对于老年人休闲性体力活动，娱乐设施和公园等公共场所的便捷性是其主要影响因素，两者均与老年人休闲性体力活动水平呈显著性正相关。娱乐设施便捷性的显著水平为$p=0.01$，公园等公共场所便捷性的显著水平为$p=0.04$。对于老年人休闲性步行水平，可步行性、土地混合利用度、城市美观性是其建成环境影响因素，三者均与老年人休闲性步行水平呈显著性正相关，显著水平分别为$p=0.01$、$p=0.02$和$p<0.001$。对于老年人在社区内的休闲性步行水平，土地混合利用度、公共交通设施便捷性和步行骑行障碍是其建成环境影响因素。其中，土地混合利用度和公共交通设施便捷性与老年人休闲性步行水平呈显著性正相关，显著水平分别为$p=0.03$和$p=0.05$。步行骑行障碍与老年人休闲性步行水平呈显著性负相关，显著水平为$p=0.03$。可见，虽然建成环境均会对老年人休闲性步行和休闲性体力活动水平产生影响，但影响因素存在差

---

① VAN CAUWENBERG J, NATHAN A, BARNETT A, et al. The council on environment and physical activity (CEPA)—Older adults working group. Relationships between neighbourhood physical environmental attributes and older adults' leisure-time physical activity: A systematic review and meta-analysis[J]. Sports Medicine, 2018(48):1635-1660.

异。因此，有必要分别探讨老年人休闲性体力活动水平和休闲性步行水平的建成环境影响因素。

与国外大量研究相比，我国探讨建成环境因素对居民体力活动水平影响的文章相对较少，而专门探讨建成环境对老年人休闲性体力活动水平影响的文章更少。考虑到我国巨大的人口数量和广大的国土面积，探讨建成环境对老年人休闲性体力活动水平影响的研究有待进一步开展。吴等人[①]对南京市建成环境因素对老年人休闲性体力活动水平的影响进行了探讨，研究发现人行道坡度和道路通达性是老年人休闲性体力活动水平的影响因素。人行道坡度的回归系数为-6.95，显著水平为$p=0.04$，表明人行道坡度与老年人休闲性体力活动水平呈显著性负相关，即人行道坡度越低，老年人休闲性体力活动水平越高。道路通达性的回归系数为9.32，显著水平为$p=0.01$，表明道路通达性与老年人休闲性体力活动水平呈显著性正相关，即道路通达性越好，老年人休闲性体力活动水平越高。在经过人口社会学特征调整后的模型中，两者也均与老年人休闲性体力活动水平呈显著性相关。该研究明确了建成环境会对我国老年人休闲性体力活动水平产生影响，但它并没有探讨建成环境对老年人休闲性步行水平的影响。国外研究结果已表明老年人休闲性步行水平和休闲性体力活动水平的建成环境影响不尽相同。

我国建成环境对居民体力活动水平影响研究的目标城市多为超大型城市、大型城市（上海、深圳、杭州、南京、西安等），中型城市相

---

① WU Z J, SONG Y L, WANG H L, et al. Influence of the built environment of Nanjing's Urban Community on the leisure physical activity of the elderly: An empirical study[J]. BMC Public Health, 2019(19):11.

对较少（温州、金华），而小型城市则更少。各个城市在人口数量和经济规模上的差异使得居民的人口社会学特征存在较大差异，这可能会对建成环境和居民体力活动水平的相关性产生影响。例如，于等人对我国一线城市杭州和二线城市温州老年人的休闲性体力活动水平和建成环境进行调研后发现，温州市居民密度与老年人休闲性体力活动水平呈显著性正相关，而杭州市该建成环境因素与老年人休闲性体力活动不存在显著性相关。服务便捷性是杭州市的老年人休闲性体力活动水平的影响因素，而与温州市老年人休闲性体力活动水平不存在显著性相关关系。据笔者所知，目前我国还没有研究同时专注于小型城市、老年人和休闲性体力活动。本章尝试探讨我国小型城市义乌市的老年人休闲性体力活动与建成环境因素的相关性，以弥补这一研究空白。

　　本章的目的是通过统计学分析确定我国小型城市义乌市的建成环境和老年人休闲性步行水平与休闲性体力活动水平的相关性，进而探讨义乌市建成环境因素对老年人休闲性步行水平和休闲性体力活动水平的影响。本章还将探讨义乌市建成环境因素对老年人休闲性步行水平和休闲性体力活动水平的影响是否存在差异。基于前人研究结果，我们假设老年人休闲性体力活动和休闲性步行的建成环境影响因素会存在一定差异。本章结果将进一步充实我国关于建成环境与居民体力活动相关性的数据库，弥补小型城市相关研究数据的空白，为政府相关部分的城镇规划提供科学依据。

第二节　研究方法

样本与实验设计

本章的目标城市是浙江省内的小型城市义乌市。与我国目前已经发表的相关研究目标城市相比，义乌市在经济规模和人口数量上显著小于这些城市。2019年，义乌市公布居民人数为83.6万人。义乌市因其颇具规模的小商品交易而闻名国内外，被联合国和世界银行认可的世界最大的小商品交易场所——义乌小商品交易城便坐落于此。义乌小商品交易城还被我国旅游管理部门授予4A级商业旅游景区。在居住环境方面，义乌市被授予国家卫生城市、环境保护模范城市、花园城市。在公共交通方面，公交车是居民日常主要的出行方式，另有两条地铁在建造。2022年金义城轨开通金华—秦塘一段。

本章的调研区域是位于义乌市市中心的稠城街道。研究团队于2019年7月至9月采用国际体力活动短问卷（IPAQ-S）和简化版邻近环境步行量表（NEWS-A）收集义乌市老年人休闲性体力活动水平、步行水平和建成环境数据。调研方法为随机抽样的横断面研究。采用以下三点措施减少主观性调研问卷可能带来的个人误差。首先，从8个不同的社区中招募老年人受试者以减小相同数据来源可能引起的误差，老年受试者的招募在当地居民委员会的协助下进行。其次，在正式开展实地调研前，所有团队成员被集中培训熟悉调研问卷和调研流程。实地调研收集数据时，采用一对一采访的方式进行，以尽可能地确保原始数据质量，减小个人误差。最后，设定严格的老年受试者纳入标准以保证样本质量。老年受试者的纳入标准为：（1）年龄要求在60岁及以上；（2）是所调研社区的居民并且至少居住6个月；（3）没有认知障碍，具备正常的语言交流能力。在一对一收集数据过程中，未有效完成全部问题的问卷直接被剔除，最终收集有效问卷252份，与前人研究样本数量相当。

调研工具

本次调研分别采用个人基本信息问卷、国际体力活动短问卷（IPAQ-S）、简化版邻近环境步行量表（NEWS-A）收集老年受试者人口社会学特征数据、老年人休闲性步行和休闲性体力活动数据以及建成环境数据。个人基本信息问卷的调研内容包括年龄、性别、教育程度、月收入状况、日常出行方式和下肢运动系统疾病。国际体力活动短问卷在保持原意不变的情况下经简化合并为4个问题，分别对过去7天内步行时间和频率、中度休闲性体力活动的时间与频率、重度休闲性体力活动的时间与频率以及每天久坐情况进行评价。对于问卷简化过程，前面的章节中已有详细描述，在此不再重复。

简化版邻近环境步行量表（NEWS-A）收集老年人住宅附近的建成环境数据。评价的建成环境因素包括：住宅类型、服务便捷性、道路通达性、步行骑行设施状况、城市美观性、交通安全和社会安全。前面的章节已对建成环境问卷进行了详细的介绍，在此不再重复。简而言之，住宅类型采用李克特量表5级评价标准，（1）—（5）代表住宅附近该类型建筑数量越来越多[（1）没有……（5）全部都是]，后期通过公式计算得到居住密度评分。土地混合利用度同样采用李克特量表5级评价标准，（1）—（5）代表住宅距该目的地所需要花费的步行时间越多[（1）5分钟以内……（5）30分钟以上]。若老年人附近没有该类型的目的地则选择"没有或不知道"，后期该项不纳入平均分计算。以填写步行时间的目的地评分的平均分为土地混合利用度评分，代表住宅与不同目的地间所需花费的平均步行时间。服务便捷性、道路通达性、步行骑行设施、城市美观性、交通安全和社会安全的评价均采用李克特量表4级评价标准，（1）—（4）代表老年人对该问题所涉及的建成环境因素满意度依次升高[（1）非常不满意……（4）非常满意]，所有问题评分的平均分为该建成环境因素的最终评分。

统计学分析

本章采用频数分析描述本书中老年受试者的基本人口社会学特征。各个建成环境因素的评分用平均值和标准差表示。采用一般线性回归法探讨建成环境因素与老年人休闲性步行水平和休闲性体力活动水平的相关。回归模型1未将人口社会学特征数据作为协变量纳入回归分析，回归模型2将人口社会学特征数据作为协变量纳入回归分析。统计学显著水平为$p<0.05$，分析所用统计软件为SPSS19.0（SPSS Inc., Chicago, IL, USA）。

第三节　研究结果

表4.1为本章中义乌市老年人人口社会学特征。受访男性老年人的人数略少于女性老年人。男性老年人和女性老年人的比例分别为47.6%和52.4%。在年龄结构方面，60—69岁老年人人数最多，占比52.4%；70—79岁老年人次之，占比30.2%；80岁及以上老年人的人数最少，占比17.4%。老年人的教育程度以初中以下学历为主，初中以上学历人数相对较少。小学和初中学历人数相当，分别占比39.7%和36.5%，大专以上学历人数最少，占比11.1%。在月收入情况方面，1501—2500元的老年人人数最多，占比38.1%。其他档次月收入老年人人数相当，均占比15%左右。对于日常出行方式，义乌市老年人最多采用的是汽车或公交车，74.6%的老年人在日常出行时会选择汽车或公交车。步行人数多于骑自行车人数，占比19.1%，骑自行车人数占比仅为6.3%。在下肢运动系统疾病方面，过去半年内未发生过下肢运动系统疾病老年人的人数略多于发生过疾病的老年人，占比52.4%。

表4.1　义乌市老年受试者人口社会学特征（*n*=252人）

变量	*n*(人)	占比(%)
性别		
男	120	47.6
女	132	52.4

续表

变量	n(人)	占比(%)
年龄(岁)		
60—69	132	52.4
70—79	76	30.2
≥80	44	17.4
教育程度		
小学及以下	100	39.7
初中	92	36.5
高中	32	12.7
大专及以上	28	11.1
收入情况(元)		
≤1500	36	14.3
1501-2500	96	38.1
2501-3500	40	15.9
3501-4500	36	14.3
≥4501	44	17.4
日常出行方式		
汽车或公交车	188	74.6
自行车	16	6.3
步行	48	19.1
下肢运动系统疾病		
有	120	47.6
无	132	52.4

注:收入情况指受试者每个月的收入。%代表该变量在总体样本中所占的比例。

表4.2为义乌市老年人对住宅附近各建成环境因素的评分。土地混合利用度的评分为3.02，标准差为0.35，代表老年人从住宅步行至不同目的地所需花费的平均步行时间为11—20分钟。义乌市老年人关于土地混合利用度的评分最小值为2.25，代表老年人从住宅步行至不同目的地所需步行时间约为6—10分钟。土地混合利用度评分的最大值为4.10，代表老年人从住宅步行至不同目的地所需平均步行时间为30分钟。95%置信区间为2.98—3.06，表明大概率的情况下，老年人住宅到不同目的地的平均步行时间约为11—20分钟。居住密度的平均评分为559.62，评分范围为413—738，95%置信区间为551.89—567.35。

在其他6项采用李克特量表4级评价标准的建成环境因素中，服务便捷性、道路通达性和步行骑行设施的评分相对较高，均为3分左右，美观性、交通安全性和社会安全评分相对较低，为2.5分左右。道路通达性的评分为各项中最高，代表义乌市老年人对道路通达性的满意度最高。道路通达性的平均分为3.11，标准差为0.45，代表义乌市老年人对道路通达性的满意度处于基本满意和非常满意之间，倾向于基本满意的态度。评分范围为1.67—4.00，4分的评分表明有部分老年人对义乌市的道路通达性表达出非常满意的态度。95%置信区间为3.05—3.17，表明老年人关于通达性的态度大概率为基本满意。

步行骑行设施的评分位列第二，略高于服务便捷性评分。步行骑行设施的评分平均值为3.06，标准差为0.27，基本可以认为义乌市老年人对步行骑行设施的满意度为基本满意。评分范围为2.50—3.83，表明对步行骑行设施评价较低的老年人处于基本满意和不太满意的中间位置，对步行骑行设施评价较高的老年人对其的满意度接近非常满意，但没有老年人给出满分即非常满意的评价。95%置信区间为

3.03—3.09，表明义乌市老年人对步行骑行设施的满意度大概率为基本满意。服务便捷性的评分为2.99，标准差为0.34，代表义乌市老年人对服务便捷性的态度为基本满意。评分范围为1.83—4.00，代表有老年人对服务便捷性表达出非常满意的态度。95%置信区间为2.95—3.03，表明义乌市老年人对服务便捷性的态度大概率为基本满意。

在评分较低的三项建成环境因素中，交通安全性的评分最低，这与前两章杭州市、温州市和金华市的调研结果相一致，表明我国大中小型城市老年人在所有建成环境因素中，对交通安全的满意度最低。交通安全问题是我国大中小型城市面临的普遍性问题，有效改善城市交通安全状况，切实保障居民的出行安全，提高居民对城市交通安全状况的满意度，势在必行。义乌市交通安全的评分为2.33，标准差为0.58，表明义乌市老年人对交通安全的态度处于不太满意和基本满意之间，倾向于不太满意。交通安全的评分范围为0.67—3.00。最低分0.67代表有部分老年人对交通安全表现出了极大的担忧，对其的态度处于非常不满意和不太满意之间。最高分为3.00表明对交通安全评价较高的老年人也仅对交通安全性表达出基本满意的态度，这与服务便捷性、道路通达性评价中有老年人表达出非常满意的情况有明显差别。

社会安全的评分为2.43，表明义乌市老年人对社会安全的态度处于不太满意和基本满意间。评分范围为1.00—3.00，表明对社会安全评价较低老年人对社会安全表达出不太满意的态度，对社会安全评价较高老年人对社会安全的态度为基本满意。95%置信区间为2.35—2.51，表明义乌市老年人对社会安全的态度处于不太满意和基本满意之间。城市美观性的评分为2.72，标准差为0.37，表明义乌市老年人对城市美观性的态度处于不太满意和基本满意之间，倾向于基本满意。评分范围为1.80—3.60，表明对美观性评价较高的老年人对城市美观性的满意度处于基本满意和非常满意之间，倾向于非常满意，但没有老年人给出4分的评分，即没有老年人对城市美观性的评价为非常满意。

表4.2　义乌市老年人各建成环境因素评分

建成环境因素	Mean±SD	评分范围	95%CI
居住密度	559.62±62.63	413–738	（551.89, 567.35）
服务便捷性	2.99±0.34	1.83–4.00	（2.95, 3.03）
道路通达性	3.11±0.45	1.67–4.00	（3.05, 3.17）
步行骑行设施	3.06±0.27	2.50–3.83	（3.03, 3.09）
美观性	2.72±0.37	1.80–3.60	（2.67, 2.77）
交通安全	2.33±0.58	0.67–3.00	（2.26, 2.40）
社会安全	2.43±0.63	1.00–3.00	（2.35, 2.51）
土地混合利用度	3.02±0.35	2.25–4.10	（2.98, 3.06）

注：Mean代表平均值，SD代表标准差，95%CI代表95%置信区间。

表4.3为义乌市老年人休闲性步行水平和休闲性体力活动水平评分结果。义乌市老年人休闲性步行水平平均值为1656.29，标准差为1076.28，休闲性体力活动水平范围为99—5544。从标准差和步行水平范围可以判断义乌市老年人休闲性步行水平个体间差异较大，步行水平较高老年人的步行活动量远高于步行水平较低老年人。95%置信区间为1523.40—1789.18。休闲性体力活动水平的平均值为1955.33，标准差为1312.05，活动水平范围为198—5838。较大的标准差和活动水平范围同样表明义乌市老年人休闲性体力活动水平存在明显的个体差

异，休闲性体力活动水平较高和较低的老年人休闲性体力活动量相差较大。95%置信区间为1793.33—2117.33，表明义乌市老年人休闲性体力活动水平大概率处于该取值范围。

休闲性体力活动包含休闲性步行和休闲性中高强度运动，而中高强度休闲运动的MET赋值要高于休闲性步行的MET赋值。其中，休闲性步行的MET赋值为3.3，中等强度休闲性体力活动的MET赋值为4，高等强度休闲性体力活动的MET赋值为8。但是，休闲性体力活动水平仅略高于休闲性步行水平，两者相差约300MET. min/week。这一结果表明调研老年人的休闲性中高强度运动的平均水平为300 MET. min/week，远低于休闲性步行1656.29 MET. min/week的水平。再考虑到中高强度运动更高的MET赋值，说明义乌老年人中高强度休闲性体力活动时间远低于休闲性步行时间，老年人休闲性体力活动以休闲性步行为主。

表4.3　义乌市老年人休闲性步行水平和休闲性体力活动水平

体力活动指标	Mean±SD	活动水平范围	95%CI
RW	1656.29±1076.28	99—5544	（1523.40, 1789.18）
RPA	1955.33±1312.05	198—5838	（1793.33, 2117.33）

注：Mean代表平均值，SD代表标准差，95%CI代表95%置信区间。RW为 recreational walking，即休闲性步行水平；RPA为 recreational physical activity，即休闲性体力活动水平。休闲性步行水平和休闲性体力活动水平的单位为MET. min/week。

表4.4为义乌市老年人休闲性步行水平和建成环境的相关性结果。回归模型的R^2值为0.74，表明该建成环境模型可以解释义乌市老年人

74%的休闲性步行水平。模型的显著水平为 $p < 0.001$，表明该模型具有统计学意义，即可用于解释老年人休闲性步行水平。回归结果表明，有三个建成环境因素影响义乌市老年人休闲性步行水平，分别为居住密度、服务便捷性和城市美观性。居住密度与老年人休闲性步行水平呈显著性负相关，即居住密度越低，老年人休闲性步行水平越高。

居住密度的回归系数为 -3.05，显著水平为 $p = 0.003$，表明居住密度与老年人休闲性步行水平呈显著性负相关，即居住密度越低，老年人休闲性步行水平越高。服务便捷性的回归系数为340.70，显著水平为 $p = 0.046$，表明服务便捷性与老年休闲性步行水平呈显著性正相关，即服务便捷性越高，老年人休闲性体力活动水平越高。城市美观性的回归系数为776.46，显著水平为 $p < 0.001$，表明城市美观性与老年人休闲性步行水平呈显著性正相关，即城市美观性越好，老年人休闲性体力活动水平越高。道路通达性、步行骑行设施、交通安全、社会安全、土地混合利用度和义乌市老年人休闲性步行水平不存在显著性相关关系。其中道路通达性的显著水平为 $p = 0.08$，在0.10水平上具有统计学意义，但在0.05水平上不具有统计学意义。其他4个建成环境因素均在0.10水平上，也不具有统计学意义。

表4.4 义乌市老年人休闲性步行水平与建成环境因素相关性

建成环境因素	B	SE	p
居住密度	−3.05	1.00	0.003*
服务便捷性	340.70	169.91	0.046*
道路通达性	286.78	163.65	0.08
步行骑行设施	−26.91	217.58	0.90

续表

建成环境因素	B	SE	p
美观性	776.46	189.57	<0.001*
交通安全	−57.60	143.66	0.69
社会安全	−101.91	127.18	0.42
土地混合利用度	−63.41	170.46	0.71

注：因变量为老年人休闲性步行活动得分，模型不包含老年人人口社会学特征数据，B 为回归系数，SE 为标准误差，*代表显著水平（$p<0.05$），模型 $R^2=0.74$，F 值=86.21，$p<0.001$。

表4.5为义乌市建成环境因素与老年人休闲性体力活动水平的相关性。回归模型的 R^2 值为0.75，表明该建成环境模型可以在75%的程度上解释老年人休闲性体力活动水平。模型显著性为 $p<0.001$，表明该模型成立，即可用于解释老年人休闲性体力活动水平。结果表明，老年人休闲性体力活动水平的建成环境影响因素有三个，分别是居住密度、道路通达性和城市美观性。居住密度与老年人休闲性体力活动水平呈显著性负相关，即居住密度越低，老年人休闲性体力活动水平越高。道路通达性、城市美观性与老年人休闲性体力活动水平呈显著性正相关，即道路通达性和城市美观性越好，老年人休闲性体力活动水平越高。与老年人休闲性步行水平相关的服务便捷性与老年人休闲性体力活动水平不存在显著性相关，此外，步行骑行设施、交通安全性、社会安全、土地混合利用度均与老年人休闲性体力活动水平不存在显著性相关。

在义乌市老年人休闲性体力活动模型中，居住密度的回归系数为−3.41，显著水平为$p=0.004$，义乌老年人休闲性步行模型中的居住密度回归系数和显著水平相当。这表明居住密度是老年人休闲性体力活动水平的显著性影响因素，居住密度越低，老年人休闲性体力活动水平越高。道路通达性的回归系数为822.57，显著水平为$p<0.001$，表明道路通达性与义乌市老年人休闲性体力活动水平呈显著性正相关，即道路通达性越好，老年人休闲性体力活动水平越高。休闲性体力活动模型中道路通达性的回归系数与显著水平明显高于休闲性步行模型。城市美观性的回归系数为1080.267，显著水平为$p<0.001$，表明城市美观性与老年人休闲性体力活动水平呈显著性正相关，城市美观性越好，老年人休闲性体力活动水平越高。该模型中城市美观性的回归系数高于休闲性步行模型，显著水平相当。步行骑行设施的回归系数为−441.17，显著水平为$p=0.08$，在0.10水平上具有统计学意义，但在0.05水平不具有统计学意义。服务便捷性、交通安全性、社会安全、土地混合利用度在0.10水平上均不具有统计学意义。

表4.5　义乌市老年人休闲性体力活动水平与建成环境因素相关性

建成环境因素	B	SE	p
居住密度	−3.41	1.17	0.004*
服务便捷性	237.17	198.19	0.23
道路通达性	822.57	190.90	<0.001*
步行骑行设施	−441.17	253.81	0.08
美观性	1080.27	221.12	<0.001*
交通安全	178.54	167.58	0.29
社会安全	−201.13	148.36	0.18

续表

建成环境因素	B	SE	p
土地混合利用度	−300.21	198.84	0.13

注：因变量为老年人休闲性体力活动得分，模型不包含老年人人口社会学特征数据，B 为回归系数，SE 为标准误差，*代表显著水平（$p<0.05$），模型 R^2=0.75，F 值=91.39，$p<0.001$。

表4.6为义乌市建成环境因素与老年人休闲性步行水平和休闲性体力活动水平的相关性对比。两个回归模型均具有统计学意义，对体力活动的解释度相当。休闲性步行模型的解释度为74%，休闲性体力活动模型的解释度为75%，两个模型的显著水平均为 $p<0.001$。结果表明，居住密度和城市美观性是义乌市老年人休闲性步行水平和休闲性体力活动水平的共同影响因素。居住密度与两者均呈显著性负相关，即居住密度越低，老年人休闲性步行水平和休闲性体力活动水平越高。这可能表明，较低的居住密度能够促进老年人休闲性步行水平和休闲性体力活动水平的提高。服务便捷性是老年人休闲性步行水平的影响因素，对老年人休闲性体力活动水平无影响。服务便捷性越高，老年人休闲性步行水平越高，即较高的服务便捷性能够促进老年人休闲性步行水平的提高。道路通达性是老年人休闲性体力活动水平的影响因素，对休闲性步行水平无影响。道路通达性越高，老年人休闲性体力活动水平越高，即较高的道路通达性有利于促进老年人休闲性体力活动水平的提高。

考虑到休闲性体力活动包括休闲性步行和中高强度休闲性体力活动，而服务便捷性会对老年人休闲性步行水平产生影响，但将中高强度休闲性体力活动水平与休闲性步行水平合并为休闲性体力活动水平后，服务便捷性与休闲性体力活动水平不存在显著性相关。这可能提示，服务便捷性并不是义乌市老年人中高强度休闲性体力活动的影响因素。对于道路通达性，义乌市老年人休闲性步行水平与其并不存在显著性相关，但道路通达性与包括中高强度休闲性体力活动水平的休闲性体力活动水平存在显著性相关。这可能提示，道路通达性是义乌市老年人中高强度运动水平的影响因素。

表4.6　义乌市老年人休闲性步行水平、休闲性体力活动水平与建成环境因素相关性对比

建成环境因素	B（RW）	p	B（RPA）	p
居住密度	−3.05	0.003*	−3.41	0.004*
服务便捷性	340.70	0.046*	237.17	0.23
道路通达性	286.78	0.08	822.57	<0.001*
步行骑行设施	−26.91	0.90	−441.17	0.08
美观性	776.46	<0.001*	1080.267	<0.001*
交通安全	−57.60	0.69	178.54	0.29
社会安全	−101.91	0.42	−201.13	0.18
土地混合利用度	−63.41	0.71	−300.21	0.13

注：两个模型的因变量分别为老年人休闲性步行水平和休闲性体力活动水平，B 为回归系数，*代表显著水平（$p < 0.05$）。RW 为 recreational walking，即休闲性步行水平；RPA 为 recreational physical activity，即休闲性体力活动水平。RW 模型 R^2=0.74，F 值 =86.21，$p < 0.001$。RPA 模型 R^2=0.75，F 值 = 91.39，$p < 0.001$。

表4.7为将人口社会学特征作为协变量纳入回归模型后，义乌老年

人休闲性步行水平与建成环境因素的相关性。模型的 R^2 值为0.77，表明该建成环境与人口社会学特征模型能够在77%的程度上解释老年人休闲性步行水平。包含人口社会学特征的模型解释度略高于未包含人口社会学特征的模型解释度。模型显著水平为 $p<0.001$，表明该模型成立，可用于解释老年人休闲性步行水平。回归结果表明，老年人休闲性步行水平的影响因素包括4个建成环境因素和2个人口社会学特征因素。建成环境影响因素包括居住密度、服务便捷性、道路通达性、城市美观性，除居住密度外，其他3个建成环境因素均与老年人休闲性步行水平呈显著性正相关。这表明较好的服务便捷性、道路通达性、城市美观性均能显著提高老年人休闲性步行水平，而较低的居住密度有利于老年人休闲性步行水平的提高。2个人口社会学特征数据包括教育程度和月收入状况，教育程度与老年人休闲性步行水平呈显著性正相关，即老年人教育程度越高，其休闲性步行水平越高。月收入状况与老年人休闲性步行水平呈显著性负相关，即月收入状况越高，老年人休闲性步行水平越低。

在经过人口社会学特征调整后的模型中，居住密度的回归系数为-2.89，显著水平为 $p=0.004$，表明居住密度与老年人休闲性步行水平呈显著性负相关，即居住密度越低，老年人休闲性步行水平越高。服务便捷性的回归系数为409.88，显著水平为 $p=0.017$，表明服务便捷性与老年人休闲性步行水平呈显著性正相关，即服务便捷性越好，老年人休闲性步行水平越高。城市美观性的回归系数为799.81，显著水平为 $p<0.001$，表明城市美观性与老年人休闲性步行水平呈显著性正相关，即城市美观性越好，老年人休闲性步行水平越高。在未包含人口社会学特征的模型中，与老年人休闲性步行水平不存在显著性相关

的道路通达性，在经过人口社会学特征调整后与老年人休闲性步行水平呈显著性相关。道路通达性的回归系数为379.53，显著水平为$p=0.023$，表明道路通达性与老年人休闲性步行水平呈显著性正相关，即道路通达性越好，老年人休闲性步行水平越高。其他4个建成环境因素显著水平均为$p>0.10$，即在0.10水平上也与老年人休闲性步行水平不存在显著性相关关系，表明它们并不是义乌市老年人休闲性步行水平的影响因素。

对于人口社会学特征因素，教育程度的回归系数为305.28，显著水平为$p<0.001$，表明义乌市老年人教育程度与休闲性步行水平呈显著性正相关，即老年人教育程度越高，其休闲性步行水平越高。月收入状况的回归系数为−274.71，显著水平为$p<0.001$，表明月收入状况越低的老年人，其休闲性步行水平越高。其他人口社会学特征因素均与老年人休闲性步行水平不存在显著性相关系。

表4.7　义乌市老年人休闲性步行水平与建成环境相关性
（将人口社会学特征数据作为协变量）

建成环境因素	B	SE	p
居住密度	−2.89	0.99	0.004*
服务便捷性	409.88	171.11	0.017*
道路通达性	379.53	165.99	0.023*
步行骑行设施	19.53	237.95	0.94
美观性	799.81	183.05	<0.001*
交通安全	−175.52	140.72	0.21
社会安全	−69.75	125.16	0.58
土地混合利用度	−172.16	184.80	0.35

续表

建成环境因素	B	SE	p
性别	−72.97	164.71	0.66
年龄	−83.94	109.52	0.44
教育程度	305.28	79.16	<0.001*
月收入情况	−274.71	65.31	<0.001*
日常出行方式	10.75	94.42	0.91
下肢运动系统疾病	93.58	135.65	0.49

注：因变量为老年人休闲性步行水平得分，回归模型将人口社会学特征作为协变量，B为回归系数，SE为标准误差，*代表显著水平（$p<0.05$）。模型R^2=0.77，F值=56.15，$p<0.001$。

表4.8为在经过人口社会学特征调整后，老年人休闲性体力活动水平与建成因素以及人口社会学特征的相关性。模型的R^2值为0.78，表明该模型可以在78%的程度上解释老年人休闲性体力活动水平，略高于未包含人口中社会学特征模型的解释度。模型显著水平为$p<0.001$，表明该回归模型成立，可用于解释老年人休闲性体力活动水平。回归结果表明，与义乌市老年人休闲性体力活动水平相关的建成环境因素有3个，人口社会学特征因素有2个。建成环境影响因素包括居住密度、道路通达性和城市美观性。居住密度与老年人休闲性体力活动水平呈显著性负相关，道路通达性、城市美观性与老年人休闲性体力活动水平呈显著性正相关。人口社会学特征影响因素包括教育程度和月收入状况，教育程度与老年人休闲性体力活动水平呈显著性正相关，月收入状况与老年人休闲性体力活动水平呈显著性负相关，这与人口社会学特征与老年人步行水平的相关性一致。

在建成环境因素方面，经过人口社会学特征调整后居住密度的回归系数为-3.13，显著水平为$p=0.007$，表明居住密度与老年人休闲性体力活动水平呈显著性负相关，即居住密度越低，老年人休闲性体力活动水平越高。道路通达性的回归系数为864.37，显著水平为$p<0.001$，表明道路通达性与老年人休闲性体力活动水平呈显著性正相关，即道路通达性越高，老年人休闲性体力活动水平越高。城市美观性的回归系数为1098.02，显著水平为$p<0.001$，表明城市美观性与老年人休闲性体力活动水平呈显著性正相关，即城市美观性越好，老年人休闲性体力活动水平越高。服务便捷性的回归系数为331.18，显著水平为$p=0.10$，表明服务便捷性在0.10水平上具有统计学意义，但在0.05水平上不具有统计学意义。其他四个建成环境因素的显著水平均为$p>0.10$，即在0.10水平上也不具有统计学意义。

在人口社会学特征方面，老年人休闲性体力活动水平的影响因素有2个，分别是教育程度和月收入状况，这与老年人休闲性步行水平的影响因素相同。教育程度的回归系数为269.83，显著水平为$p=0.004$，表明教育程度与老年人休闲性体力活动水平呈显著性正相关，即教育程度越高的老年人，其休闲性体力活动水平越高。月收入状况的回归系数为-200.28，显著水平为$p=0.009$，表明月收入状况与老年人休闲性体力活动水平呈显著性负相关，即月收入越低的老年人，其休闲性体力活动水平越高。其他人口社会学特征因素与义乌市老年人休闲性体力活动水平不存在显著性相关。

表4.8 义乌市老年人休闲性体力活动水平与建成环境相关性（将人口社会学特征数据作为协变量）

建成环境因素	B	SE	p
居住密度	−3.13	1.15	0.007*
服务便捷性	331.18	199.68	0.10
道路通达性	864.37	193.71	<0.001*
步行骑行设施	−361.17	277.68	0.20
美观性	1098.02	213.61	<0.001*
交通安全	67.67	164.21	0.68
社会安全	−209.93	146.06	0.15
土地混合利用度	−393.07	215.66	0.07
性别	156.45	192.21	0.42
年龄	−247.38	127.81	0.06
教育程度	269.83	92.38	0.004*
月收入情况	−200.28	76.21	0.009*
日常出行方式	116.60	110.20	0.29
下肢运动系统疾病	−178.16	158.31	0.26

注：因变量为老年人休闲性体力活动水平得分，回归模型将人口社会学特征作为协变量，B为回归系数，SE为标准误差，*代表显著水平（$p<0.05$）。模型$R^2=0.78$，F值=59.34，$p<0.001$。

表4.9为将人口社会学特征作为协变量纳入回归模型后老年人休闲性步行水平和休闲性体力活动水平的影响因素对比。两个模型在对老年人体力活动水平的解释度和模型显著性方面相当。结果表明，老年人休闲性步行和休闲性体力活动的建成环境影响因素存在一定差异，

人口社会学特征影响因素相同。在建成环境影响因素方面，经过人口社会学特征调整后老年人休闲性步行和休闲性体力活动的共同影响因素有3个，分别是居住密度、道路通达性和城市美观性。居住密度与老年人休闲性步行和休闲性体力活动呈显著性负相关，道路通达性和城市美观性与两者显著性正相关。服务便捷性只是老年人休闲性步行的影响因素，而非老年人休闲性体力活动的影响因素。由于老年人休闲性体力活动包括休闲性步行和中高强度休闲性体力活动，因此这一差异结果可能提示服务便捷性并不是老年人中高强度休闲性体力活动的影响因素。在人口社会学特征方面，教育程度和月收入状况是老年人休闲性步行和休闲性体力活动的影响因素。教育程度与两者呈显著性正相关关系，月收入状况与两者呈显著性负相关。

表4.9　义乌市老年人休闲性步行水平、休闲性体力活动水平与建成环境因素相关性对比（将人口社会学特征数据作为协变量）

自变量因素	B(RW)	p	B(RPA)	p
居住密度	−2.89	0.004*	−3.13	0.007*
服务便捷性	409.88	0.017*	331.18	0.10
道路通达性	379.53	0.023*	864.37	<0.001*
步行骑行设施	19.53	0.94	−361.17	0.20
美观性	799.81	<0.001*	1098.02	<0.001*
交通安全	−175.52	0.21	67.67	0.68
社会安全	−69.75	0.58	−209.93	0.15
土地混合利用度	−172.16	0.35	−393.07	0.07
性别	−72.97	0.66	156.45	0.42

续表

自变量因素	$B(RW)$	p	$B(RPA)$	p
年龄	-83.94	0.44	-247.38	0.06
教育程度	305.28	<0.001*	269.83	0.004*
月收入情况	-274.71	<0.001*	-200.28	0.009*
日常出行方式	10.75	0.91	116.60	0.29
下肢运动系统疾病	93.58	0.49	-178.16	0.26

注：两个模型的因变量分别为老年人休闲性步行水平和休闲性体力活动水平，B 为回归系数，*代表显著水平（$p<0.05$）。RW 为 recreational walking，即休闲性步行水平；RPA 为 recreational physical activity，即休闲性体力活动水平。RW 模型 R^2=0.77，F 值=56.15，$p<0.001$。RPA 模型 R^2=0.78，F 值=59.34，$p<0.001$。

表4.10为在将人口社会学特征作为协变量纳入回归模型前后，义乌市老年人休闲性步行水平和建成环境因素相关性的对比。结果表明，将人口社会学特征纳入回归模型后，模型的解释度更高。不包含人口社会学特征的模型的 R^2 值为0.74，表明模型1可以在74%的程度上解释老年人休闲性步行水平。包含人口社会学特征模型的 R^2 值为0.77，表明模型2可以在77%的程度上解释老年人休闲性步行水平。在将人口社会学特征纳入回归模型后，模型2比模型1对老年人休闲性体力活动水平的解释度高出3个百分点，老年人休闲性体力活动的建成环境影响因素也发生些许变化。居住密度、服务便捷性和城市美观性在模型调整前后均与老年人休闲性步行水平呈显著性相关，但道路通达性在模型经过人口社会学特征调整后成为新的建成环境影响因素，与老年人休闲性步行水平呈显著性相关。道路通达性在调整前模型中的回归系数为286.78，显著水平为 p=0.08，在调整后模型中的回归系

数为379.53，显著水平为*p*=0.023。经过人口社会学特征调整后，道路通达性的回归系数和显著水平均有所上升，并与老年人休闲性步行水平呈显著性相关。

其他3个与老年人休闲性步行水平呈显著性相关的建成环境因素在模型调整前后的回归系数和显著水平也发生轻微的变化。经过人口社会学特征调整后，居住密度的回归系数由调整前的−3.05降低至−2.89，显著水平也由调整前的*p*=0.003降低至*p*=0.004，这表明居住密度与老年人休闲性步行水平的相关性略有降低，但仍与其存在显著性相关关系。服务便捷性的回归系数由调整前的340.70升高至409.88，显著水平也由调整前的*p*=0.046升高至*p*=0.017，这表明服务便捷性与老年人休闲性体力活动的相关性略有提高，并且仍与老年人休闲性步行水平存在显著性相关关系。城市美观性的回归系数由调整前的776.46变为799.81，显著水平未发生变化，为*p*<0.001，这表明模型调整前后的城市美观性与老年人休闲性步行水平相关性相当。

表4.10　回归模型的不同对义乌市老年人休闲性步行水平与建成环境因素相关性的影响

自变量因素	B（模型1）	p	B（模型2）	p
居住密度	−3.05	0.003*	−2.89	0.004*
服务便捷性	340.70	0.046*	409.88	0.017*
道路通达性	286.78	0.08	379.53	0.023*
步行骑行设施	−26.91	0.90	19.53	0.94
美观性	776.46	<0.001*	799.81	<0.001*
交通安全	−57.60	0.69	−175.52	0.21

续表

自变量因素	B(模型1)	p	B(模型2)	p
社会安全	−101.91	0.42	−69.75	0.58
土地混合利用度	−63.41	0.71	−172.16	0.35
性别			−72.97	0.66
年龄			−83.94	0.44
教育程度			305.28	<0.001*
月收入情况			−274.71	<0.001*
日常出行方式			10.75	0.91
下肢运动系统疾病			93.58	0.49

注：两个模型的因变量分别为老年人休闲性步行水平，B 为回归系数，* 代表显著水平（$p < 0.05$）。模型1为不包含人口社会学特征的模型，模型2为包含人口社会学特征的模型。模型1的 R^2=0.74，F值=86.21，$p < 0.001$。模型2的 R^2=0.77，F值=56.15，$p < 0.001$。

表4.11为在经过人口社会调整前后，老年人休闲性体力活动与建成环境因素相关性的对比结果。与老年人休闲性步行水平一样，经过人口社会学特征调整后的老年人休闲性体力活动模型解释度有所升高。不包含人口社会学特征的模型对老年人休闲性体力活动水平的解释度为75%，包含人口社会学特征的模型对老年人休闲性体力活动水平的解释度为78%，两个模型对老年人休闲性体力活动水平的解释度相差3个百分点。模型解释度的升高主要是由于与老年人休闲性体力活动相关的两个人口社会学特征因素的出现，建成环境因素与老年人休闲性体力活动的相关性变化不大。在调整前后两个模型中，均有三个建成环境因素与老年人休闲性体力活动水平存在显著性相关，分别是居住密

度、道路通达性和城市美观性。道路通达性的回归系数由调整前的822.57变为864.37，显著水平未发生变化，仍为$p<0.001$；城市美观性的回归系数由调整前的1080.27变为1098.02，显著水平同样未发生变化，仍为$p<0.001$，这表明调整前后这两个建成环境因素与老年人休闲性体力活动的相关性基本未发生改变。唯一发生轻微变化是居住密度，其回归系数由调整前的−3.41提升为−3.13，显著水平由调整前的$p=0.004$提升为$p=0.007$，表明居住密度与老年人休闲性体力活动水平的相关性在调整后略有下降，但仍与老年人休闲性体力活动水平保持显著性相关关系。

表4.11 回归模型的不同对义乌市老年人休闲性体力活动水平与建成环境因素相关性的影响

自变量因素	B（模型1）	p	B（模型2）	p
居住密度	−3.41	0.004*	−3.13	0.007*
服务便捷性	237.17	0.23	331.18	0.10
道路通达性	822.57	<0.001*	864.37	<0.001*
步行骑行设施	−441.17	0.08	−361.17	0.20
美观性	1080.27	<0.001*	1098.02	<0.001*
交通安全	178.54	0.29	67.67	0.68
社会安全	−201.13	0.18	−209.93	0.15
土地混合利用度	−300.21	0.13	−393.07	0.07
性别			156.45	0.42
年龄			−247.38	0.06
教育程度			269.83	0.004*

续表

自变量因素	B(模型1)	p	B(模型2)	p
月收入情况			−200.28	0.009*
日常出行方式			116.60	0.29
下肢运动系统疾病			−178.16	0.26

注：两个模型的因变量分别为老年人休闲性体力活动水平，B 为回归系数，*代表显著水平（$p<0.05$）。模型1为不包含人口社会学特征的模型，模型2为包含人口社会学特征的模型。模型1的 R^2=0.75，F 值 =91.39，$p<$ 0.001。模型2的 R^2=0.78，F 值=59.34，$p<0.001$。

第四节　讨　论

本章的主要目的是探讨在我国小型城市义乌市老年人休闲性步行和休闲性体力活动的建成环境影响因素，并探讨这些影响因素的异同点。本章一方面弥补了我国在小型城市开展相关研究的不足，另一方面对老年人休闲性步行和休闲性体力活动的建成环境影响因素进行量化，本章结果将为政府相关部门在市政建设方面决策提供一定的科学依据，以构建老年休闲性体力活动促进型城市环境，提高老年人休闲性体力活动水平和身体健康水平，以积极应对人口老龄化。

休闲性步行是义乌市老年人休闲性体力活动的最主要运动形式

　　本章发现休闲性步行是义乌市老年人休闲性体力活动的主要运动形式。老年人休闲性步行水平为 1656.29 MET. min/week，老年人休闲性体力活动水平为 1955.33 MET. min/week，老年人休闲性体力活动水平仅比休闲性步行水平高约 300 MET. min/week。休闲性体力活动包括休闲性步行和中高强度休闲性体力活动，这表明义乌市老年人中高强度休闲性体力活动的平均水平仅为 300 MET. min/week，远低于其休闲性步行水平。休闲性步行的 MET 赋值要低于中度休闲性体力活动和高强度休闲性体力活动的 MET 赋值，因此老年人中高强度休闲性体力活动的时间要远远低于其休闲性步行活动的时间。此外，在 252 名受试老年人中，仅有 52 名老年受试者自我报告有中度休闲性体力活动或高度休闲性体力活动，即仅有 1/5 的人在过去 7 天内参与过中高强度休闲性体力活动，这进一步说明了义乌市老年人中高强度休闲性体力活动水平较低的现实情况。

　　世界卫生组织于 2015 年发布的《关于老龄化与健康的全球报告》[①]指出每周参与 150 分钟的中等强度体力活动能够显著提高老年人的身体健康状况。有一项对大量纵向研究进行的汇总分析发现，每周进行 150 分钟中等强度体力活动的人死亡率比那些体力活动少的人低

---

　　① WORLD HEALTH ORGANIZATION. World report on ageing and health [R]. Geneva, Switzerland : WHO, 2015.

31%，对于60岁及以上的老年人更为明显。阿兰（Arem）等[①]对6篇来自美国国家癌症机构联盟（National Cancer Institute Cohort Consortium）的纵向研究进行数据汇总，6篇研究的平均跟踪时间为14.2年。汇总后数据包括661137人，平均年龄为62岁，年龄范围为21—98岁，并包含116686名死亡案例。

该研究发现，与那些没有进行休闲性体力活动的人相比，每周进行低于150分钟中等强度体力活动的人的死亡率低20%，优势比为0.80，95%置信区间为0.78—0.82；每周进行1—2倍的150分钟中等强度体力活动的人的死亡率低31%，优势比为0.69，95%置信区间为0.67—0.70；每周进行2—3倍的150分钟中等强度体力活动的人的死亡率低37%，优势比为0.63，95%置信区间为0.62—0.65。当每周中等强度体力活动达到3—5倍的150分钟中等强度体力活动时，死亡率降低的优势达到顶峰，优势比为0.61，95%置信区间为0.59—0.62。这表明，居民只要进行一定时间的中等强度休闲性体力活动，死亡率就有20%的降低，若达到1—2倍的每周150分钟中等强度休闲性体力活动，死亡率便可降低31%。达到2倍及以上的150分钟中等强度体力活动的死亡率降低优势会有所减缓（31% vs. 39%）。因此，建议中等强度体力活动时间为每周最少150分钟。

世界卫生组织的报告还指出："对老年人来说，体育活动还有很多其他好处，包括改善身心健康状况（例如通过保持肌肉力量和认知能力，减少焦虑和抑郁，提高自信心）；预防疾病，降低风险（例如降低

---

① AREM H, MOORE SC, PATEL A, et al. Leisure time physical activity and mortality: A detailed pooled analysis of the dose-response relationship[J]. JAMA Internal Medicine, 2015,175(6):959-967.

患冠心病、糖尿病和中风的风险）；提高社会效益（例如通过增加社会参与，维护社交网络和代际链接）。"此外，定期参与中等强度体力活动还有助于降低功能受限的风险、预防阿尔茨海默病、降低中风风险。尽管已有大量研究表明体育运动对身体健康有巨大益处，但世界卫生组织开展的全球卫生调查数据表明，大约有1/3的70—79岁老年人和1/2的80岁及以上老年人的体力活动量达不到世界卫生组织推荐的每周至少150分钟中等强度体力活动的标准。不参与中等强度休闲性体力活动的原因主要为较差的身体状况和害怕跌倒等心理。

义乌市老年人参与中等强度体力活动的情况更加不容乐观。研究结果表明，仅有1/5的义乌市老年人自我报告参加过中高强度休闲性体力活动，比世界卫生组织报告的1/3的70—79岁老年人和1/2的80岁及以上老年人还要少。并且，本章中老年人受试者的年龄范围为60—70岁，低于世界卫生组织报告的老年人年龄。因此，如何从建成环境方面构建老年人友好型城市，消除老年人参与中等强度休闲性体力活动的后顾之忧，增加老年人中高强度休闲性体力活动刻不容缓。尽管我国已有文章探讨了建成环境对居民体力活动水平的影响，其中一些研究也探讨了建成环境对老年人体力活动水平的影响，但是并没有研究探讨我国建成环境对老年人中高强度休闲性体力活动水平的影响。由于本章中仅有1/5的老年人报告有过中高强度休闲性体力活动经历，过小的样本量不足以支撑本书探讨建成环境对义乌市老年人中高强度休闲性体力活动的影响。因此，我国建成环境对老年人中高强度休闲性体力活动的研究有待开展。

休闲性体力活动和休闲性步行的建成环境影响因素异同点

义乌市老年人休闲性体力活动和休闲性步行拥有共同的建成环境影响因素，包括居住密度和城市美观性。居住密度与老年人休闲性步行水平和休闲性体力活动水平均呈显著性负相关，与休闲性步行的回归系数为-3.05，与休闲性体力活动的回归系数为-3.41，两者均具有显著性。这表明居住密度越低，义乌市老年人休闲性步行水平和休闲性体力活动水平越高。城市美观性与老年人休闲性步行水平和休闲性体力活动水平呈显著性正相关，与老年人休闲性步行的回归系数为776.46，与老年人休闲性体力活动的回归系数为1080.27，两者均具有显著性。这表明城市美观性越好，义乌市老年人休闲性步行水平和休闲性体力活动水平越高。

义乌市老年人休闲性体力活动和休闲性步行的建成环境影响因素也所有差异。服务便捷性是老年人休闲性步行的显著影响因素，但不是老年人休闲性体力活动的影响因素。服务便捷性与老年人休闲性步行水平的回归系数为340.70，显著水平为$p < 0.046$，表明服务便捷性越高，老年人休闲性步行水平越高。服务便捷性与老年人休闲性体力活动水平不存在显著性相关，回归系数为237.17，显著水平为$p = 0.23$。道路通达性是老年人休闲性体力活动的影响因素，但不是老年人休闲性步行水平的影响因素。与老年人休闲性体力活动的回归系数为822.57，显著水平为$p < 0.001$，表明道路通达性与老年人休闲性体力活动呈显著性正相关，即道路通达性越好，老年人休闲性体力活动

水平越高。道路通达性与老年人休闲性步行水平的回归系数为286.78，显著水平为p=0.08，表明道路通达性与老年人休闲性步行水平不存在显著性相关关系。

休闲性体力活动包括休闲性步行和中高强度休闲性体力活动，而道路通达性不是休闲性步行的影响因素，却是休闲性体力活动的影响因素。这可能提示道路通达性是老年人中高强度休闲性体力活动的影响因素。同理，服务便捷性与休闲性步行存在显著性相关，但将中高强度休闲性体力活动纳入休闲性体力活动后，其与休闲性体力活动不存在显著性相关。这可能提示服务便捷性是老年人休闲性步行的影响因素，但并不是中高强度休闲性体力活动的影响因素。这表明，义乌市老年人在参加休闲性步行活动时，更多考虑的是服务便捷性；但当其参与中高强度休闲性体力活动时，更多考虑的是道路通达性。

在将人口社会学特征纳入回归模型后，老年人休闲性步行和休闲性体力活动的共同建成环境影响因素变多，不同的建成环境影响因素变少。除居住密度和城市美观性外，道路通达性成为老年人休闲性步行和休闲性体力活动的共同影响因素。道路通达性与休闲性步行的回归系数为379.53，显著水平为p=0.023，与休闲性体力活动的回归系数为864.37，显著水平为p＜0.001，这表明道路通达性对老年人休闲性体力活动的影响更为显著，这可能未包含在人口社会学特征模型中，道路通达性与老年人休闲性步行水平不存在显著性相关有关。服务便捷性仍是老年人休闲性步行和休闲性体力活动不同的建成环境影响因素。与调整前回归结果一样，服务便捷性与休闲性步行水平呈显著性相关，与休闲性体力活动不存在显著性相关。这提示，在老年人参与休闲性步行时，服务便捷性是其主要考虑的因素，但当其参与中高强度休闲性体力活动时，并非主要考虑的因素。此外，老年人休闲性步行和休闲性体力活动有两个共同的人口社会学影响因素。教育程度与两者呈显著性正相关，月收入状况与两者呈显著性负相关，这提示教育程度越高、月收入状况越低的老年人休闲性步行和休闲性体力活动水平越高。

居住密度

居住密度是老年人休闲性步行水平和休闲性体力活动水平的影响因素。研究结果表明，居住密度与老年人休闲性步行水平和休闲性体力活动水平均呈显著性负相关。居住密度越低，老年人的休闲性步行水平和休闲性体力活动水平越高。我国的居住密度是居民休闲性体力活动的积极影响因素还是消极影响因素仍存在一定争议。周等人[1]对上海市成年人进行体力活动和建成环境调研后发现，居住密度是成年人休闲性体力活动的积极影响因素。居住密度的休闲性体力活动回归系数为1.003，95%置信区间为1.001—1.005，两者呈显著性正相关，即居住密度越大，居民的休闲性体力活动水平越高。并且，与郊区居民相比，市区居民的休闲性体力活动和交通性体力活动与居住密度的相关性更高。

---

[1] ZHOU R, LI Y, UMEZAKI M, et al. Association between physical activity and neighborhood environment among middle-aged adults in Shanghai [J]. Journal of Environmental and Public Health,2013(23):95.

　　而苏等人[1]在杭州市开展的1440名成年人的调研中发现，居住密度与女性成年人休闲性体力活动呈显著性负相关，即居住密度越低，女性成年人的休闲性体力活动水平越高。杭州市女性成年人休闲性体力的居住密度回归系数为-0.5，显著水平为$p=0.03$。但在一项对南京市老年人休闲性体力活动水平和建成环境因素的调查研究中，居住密度与老年人休闲性体力活动水平并不存在显著性相关。南京市老年人休闲性体力活动的居住密度与回归系数为0.93，显著水平为$p=0.73$，经过人口社会学特征调整后回归系数为0.39，显著水平为$p=0.89$。两个回归模型的结果均表明居住密度并不是南京市老年人休闲性体力活动的影响因素。

　　义乌市关于居住密度的调研结果与本书中另外两个城市的调研结果同样存在差异。本书团队在温州市的调研结果表明，居住密度是老年人休闲性体力活动水平的影响因素，其回归系数为4.24，显著水平为$p=0.03$，表明居住密度与温州市老年人呈显著性正相关，即居住密度越高，温州市老年人休闲性体力活动水平越高。同样在金华市，居住密度与女性老年人休闲性体力活动水平呈显著性正相关，其回归系数为5.63，显著水平为$p<0.001$。经过人口社会特征调整后，居住密度的回归系数为5.10，显著水平同为$p<0.001$。两个回归模型的结果均表明居住密度越高，金华市女性老年人休闲性体力活动水平越高。但居住密度与金华市男性老年人休闲性体力活动水平不存在显著性相关。这一差异性结果可能与受试者人口社会学特征差异有关。温州市

---

　　[1] SU M, TAN Y Y, LIU Q M, et al. Association between perceived urban built environment attributes and leisure-time physical activity among adults in Hangzhou, China[J].Preventive Medicine, 2014(66):60-64.

和金华市在经济规模和人口数量上均明显高于义乌市，老年受试者的
人口社会学特征也必然存在较大差异，这可能会对居住密度与老年人
休闲性体力活动的相关性产生影响。至于在类似义乌的其他小型城市
中，居住密度是否仍与老年人休闲性体力活动呈显著性负相关有待进
一步研究。

关于居住密度与居民休闲性体力活动的关系，大部分国外研究认
为较高的居住密度有利于居民休闲性体力活动水平的提高。例如，杉
山等人[①]对12个国家13745名成年人的休闲性步行水平和建成环境因
素调研后提出，居住密度与休闲性步行水平存在显著性正相关关系。
居民休闲性步行时间的居住密度回归系数为1.001，95%置信区间为
1.000—1.001，显著水平为$p=0.005$，表明居住密度越高，成年人休闲
性步行时间越多。居住密度也会对居民步行类型产生影响。恽等人[②]
对高居住密度城市香港和低居住密度美国城市的居民步行水平和建成
环境因素对比后提出，低居住密度地区的居民更多的是休闲性步行，
交通性步行较少，而高居住密度地区的居民以休闲性步行和交通性步
行为主。

① SUGIYAMA T, CERIN E, OWEN N, et al. Perceived neighbourhood environmental attributes associated with adults' recreational walking: IPEN Adult study in 12 countries[J]. Health Place ,2014(28):22-30.

② YUN H Y. Environmental Factors Associated with Older Adult's Walking Behaviors: A Systematic Review of Quantitative Studies[J]. Sustainability, 2019(11): 32-53.

城市美观性

研究结果表明，城市美观性是义乌市老年人休闲性步行和休闲性体力活动水平的共同影响因素。较好的城市美观性能够促进老年人参与休闲性步行和休闲性体力活动。对于老年人休闲性步行，未经过人口社会学特征调整的城市美观性回归系数为 776.46，显著水平为 $p <$ 0.001，经过人口社会学特征调整的城市美观性回归系数为 799.81，显著水平为 $p < 0.001$。这表明，无论回归模型是否包含人口社会学特征，城市美观性均与老年人休闲性步行水平呈显著性正相关，即城市美观性越好，义乌市老年人休闲性步行水平越高。对于老年人休闲性体力活动水平，调整前城市美观性的回归系数为 1080.267，显著水平为 $p <$ 0.001，调整后城市美观性的回归系数为 1098.02，显著水平为 $p < 0.001$。两个回归模型的结果均表明，城市美观性是老年人休闲性体力活动水平积极影响因素。城市美观性越好，老年人休闲性体力活动水平越高。

在简化版邻近环境步行量表（NEWS-A）中，城市美观性部分对住宅附近的绿化状况、自然景观、人文景观和空气质量进行评价，越好的城市美观性意味着老年人住宅附近在以上这些方面的平均质量越高。这些方面质量的提高可以令老年人参与休闲性步行或休闲性体力活动时感到心情舒畅，帮助其克服由交通安全、糟糕道路状况等引起的紧张心理。本章结果与国内外研究结果相一致。龚等人[1]对威尔士

---

[1] GONG Y, GALLACHER J, PALMER S, et al. Neighbourhood green space, physical function and participation in physical activities among elderly men: The caerphilly prospective study[J]. International Journal of Behavioral Nutrition and Physical Activity, 2014(11): 40.

1010名66岁以下男性老年人的体力活动水平和住宅附近绿化环境进行了调研，采用客观的高分辨率地形图彩色相机（high resolution Land-map true colour aerial photography）收集绿化环境数据，采用问卷收集老年人体力活动数据。调研后发现，住宅400米范围内的绿地环境和植被多样性的数量与男性老年人体力活动水平呈显著性正相关，并且这种显著性影响已经过下肢功能、心理压力状况、健康状况、年龄、婚姻状况、社会阶层、受教育状况及其他因素的调整。优势比为1.21，95%置信区间为1.04—1.41。这项研究认为，人们在绿化好的环境中更有可能去步行、进行体育锻炼或进行园艺性的体力活动。类似的研究结果也出现在26—58岁英国人中。并且，居民的下肢功能状况与体力活动的参与度也存在显著性相关，体力活动参与度越高，居民的下肢功能障碍出现的概率越低。

在我国，深圳市的调研结果同样表明，城市美观性对居民休闲性体力活动存在着显著性影响。余等人[1]对深圳市1002名18—69岁的成年人进行休闲性体力活动水平和建成环境因素调研后发现，城市美观性是居住休闲性步行和中高强度休闲性体力活动的积极因素。对于休闲性步行水平方面，体力活动活跃组的城市美观性平均评分为2.99，体力活动不活跃组的城市美观性平均评分为2.53，两者间存在显著性差异，显著水平为$p < 0.001$，活跃组的城市美观性评分显著高于不活跃组的评分。在中高强度休闲性体力活动方面，体力活动活跃组的平均评分为3.01，体力活动不活跃组的评分为2.54，两者同样存在显著

① YU T, FU M, ZHANG B, et al. Neighbourhood built environment and leisure-time physical activity: A cross-sectional study in southern China[J] European Journal of Sport Science, 2020(4):1-8.

性差异，显著水平为$p<0.001$，体力活动活跃组的城市美观性评分显著高于体力活动不活跃组评分。回归结果表明，城市与休闲性步行水平和中高强度休闲性体力活动存在显著性相关。休闲性步行的美观性回归系数为1.81，中高强度休闲性体力活动的美观性回归系数为1.82，均具有显著性。这表明，城市美观性越好，成年人休闲性步行水平和中高强度休闲性体力活动水平越高。

国内外研究结果均表明，良好的城市美观性能够促进居民休闲性步行和中高强度休闲性体力活动水平的提高。本章结果提示，通过改善绿化状况、空气质量，建设更多的人文景观和自然景观以提高义乌市城市美观性是促进老年人休闲性步行和休闲性体力活动提高的可行举措。

服务便捷性

较好的服务便捷性能够显著提高老年人休闲性步行水平，但并不能显著提高老年人休闲性体力活动水平。由于休闲性体力活动包含休闲性步行和中高强度休闲性体力活动，这一结果也可能提示，较好的服务便捷性并不能提高老年人中高强度休闲性体力活动水平。经过人口社会学特征调整前后的模型回归结果均表明服务便捷性只与老年人休闲性步行水平呈显著性正相关，而与老年人休闲性体力活动水平不存在显著性相关。当模型不包含人口社会学特征时，老年人休闲性步行的服务便捷性回归系数为340.70，显著水平为$p=0.046$，老年人休闲性体力活动的服务便捷性回归系数为237.17，显著水平为$p=0.23$。将人口社会学特征纳入回归模型后，老年休闲性步行的服务便捷性回归系数为409.88，显著水平为$p=0.017$，老年人休闲性体力活动的服务便捷性回归系数为331.18，显著水平为$p=0.10$。

义乌市老年人对土地混合利用度的评分为3.02，这表明老年人从住宅步行至不同目的地所需花费的平均步行时间为11—20分钟，这完全在老年人可步行范围内。较好服务便捷性意味着老年人可以方便地步行至便利店、超市等商业设施及公交站等公共交通设施，并且步行道路状况良好，没有过多步行障碍。因此，良好的服务便捷性会促进老年人采用步行的方式而非其他交通方式到达目的地，进而促进其休闲性步行水平的提高。虽然服务便捷性部分也对老年人步行至公园等公共场所的便捷性进行了评价，但其与包含中高强度休闲性体力活动的休闲性体力活动水平不存在显著性相关，这意味着服务便捷性并不是老年人参与中高强度休闲性体力活动时的主要考虑因素。回归结果还表明，道路通达性是老年人休闲性体力活动而非休闲性步行的显著影响因素，这意味着道路通达性是老年人参与中高强度休闲性体力活动的主要考虑因素。分析原因可能是，公园等体育锻炼场所通常与住宅的距离相对较远，此时更好的道路通达性有助于老年人更为方便地到达公共体育锻炼场地，进而提高其中高强度休闲性体力活动水平。

国外综述性研究结果也提示，服务便捷性是居民体力活动水平的积极影响因素。对于休闲性步行和休闲性体力活动水平，范考文博格等人[①]于2018年发表的综述性文章提到，公共交通设施、娱乐休闲设

① VAN CAUWENBERG J, NATHAN A, BARNETT A, et al. Relationships between neighbourhood physical environmental attributes and older adults' leisure-Time physical activity: A systematic review and meta-analysis[J]. Sports Medicine, 2018(48):1635-1660.

施、公园等公共场所的服务便捷性是其积极的影响因素，而步行骑行
障碍是其阻碍因素。对于居民整体体力活动水平，多篇综述分别提出
服务整体的便捷性、公共交通设施、公园等公共场所、娱乐休闲设
施、社交场所、公共厕所等场所的便捷性与其存在显著性相关。例
如，Barnett 等[1]（2017）、Levasseur 等[2]（2015）、Moran 等[3]（2014）、
Tuckett 等[4]（2018）四篇综述共同提出，公共交通设施和娱乐休闲场所
的服务便捷性是居民体力活动水平的积极影响因素。公共交通、娱乐
休闲场所的便利性越好，居民体力活动水平越高。

在我国，塞林等[5]的研究提出良好的服务便捷性能够促进中国老年

[1] BARNETT D W, BARNETT A, NATHAN A, et al. Built environmental correlates of older adults' total physical activity and walking: A systematic review and meta-analysis[J]. International Journal of Behavioral Nutrition and Physical Activity, 2017(14):23.

[2] LEVASSEUR M, GÉNÉREUX M, BRUNEAU J F, et al. Importance of proximity to resources, social support, transportation and neighborhood security for mobility and socialparticipation in older adults: Results from a scoping study[J]. BMC Public Health, 2015(15):503.

[3] MORAN M, VAN CAUWENBERG J, HERCKY-LINNEWIEL R, et al. Understanding the relationships between the physical environment and physical activity in older adults: A systematic review of qualitative studies[J]. International Journal of Behavioral Nutrition and Physical Activity, 2014(11): 1-12.

[4] TUCKETT A G, BANCHO A W,WINTER S J, et al. The built environment and older adults: A literature review and an applied approach to engaging older adults in built environment improvements for health[J]. International Journal of Older People Nursing, 2018(13):12-17.

[5] CERIN E, LEE K Y, BARNETT A, et al. Objectively-measured neighborhood environments and leisure-time physical activity in Chinese urban elders[J]. Preventive Medicine, 2013(56):86-89.

人的休闲性体力活动水平的提高。其对香港地区居住在32个社区的484名老年人进行休闲性体力活动和建成环境因素调查后发现，公园等公共设施的服务便捷性与香港地区老年人休闲性步行水平呈显著性正相关，回归系数为1.03，95%置信区间为1.02—1.05。公园等公共设施的服务便捷性与老年人不参与除步行外的其他休闲性体力活动的概率呈显著性负相关，回归系数为0.96，95%置信区间为0.94—0.98。并且社区老年人活动中心、户外体育场所的便捷性也与老年人不参与除步行外其他休闲性体力活动概率呈显著性负相关，回归系数均为0.99，显著水平为$p < 0.05$。以上结果均表明，良好的服务便捷性有助于提高我国老年人休闲性体力活动水平。

道路通达性

良好的道路通达性能够提高老年人休闲性体力活动水平，但并不能提高休闲性步行水平。由于休闲性体力活动包括休闲性步行和中高强度休闲性体力活动，因此，良好的道路通达性主要是老年人中高强度休闲性体力活动的促进因素。这可能是由于老年人进行中高强度休闲性体力活动的场所通常是公园等公共场所及体育场馆，而这些设施往往与住宅的距离相对较远。良好的道路通达性表明老年人住宅附近断头路较少、可以选择很多不同的路线方便地到达公共体育锻炼场所，这对促进老年人参与中高强度休闲性体力活动起到了积极的推动作用。而对于休闲性步行，老年人通常会在住宅附近进行步行锻炼，此时道路通达性的好坏并不会对步行产生明显影响，而便利店等服务设施的便捷性可以使老年人在进行休闲性步行锻炼的同时购买所需的生活物资，进而促进其休闲性体力活动水平的提高。本章发现义乌市老年人休闲性步行水平与服务便捷性呈显著性正相关也证明了这一点。

国内外研究也表明，道路通达性是老年人体力活动水平的重要影响因素。塞林等人于2017年发表的综述对老年人体力活动水平和建成环境因素间的相关性进行了汇总分析，在纳入的42篇研究中有15篇研究对道路通达性进行了分析，其中3篇文章采用客观性的评价工具，15篇采用主观性的评价工具。数据汇总后发现，道路通达性与老年人整体步行水平呈显著性正相关，显著水平为$p=0.014$，其中5篇研究发现道路通达性与老年人整体步行水平存在显著性正相关，10篇研究未发现道路通达性与老年人整体步行水平存在显著性相关。道路通达性与住宅附近步行水平也存在显著性正相关，显著水平为0.046，其中2篇文章发现道路通达性与住宅附近步行水平呈显著性正相关，2篇文章未发现两者存在显著性相关关系。道路通达性与主动移动体力活动水平（all active travel）呈显著性正相关，显著水平为$p=0.002$，其中7篇发现两者存在显著性正相关，13篇未发现两者存在显著性相关关系。

在我国，南京市的相关研究也发现道路通达性是老年人休闲性体力活动水平的影响因素。吴等人[1]对南京市19个社区的399名老年人的休闲性体力活动和建成环境因素调研发现，道路通达性与老年人休闲性体力活动呈显著性相关。道路通达性的回归系数为9.32，显著水平主为$p=0.01$，经过人口社会特征调整后，回归系数为7.34，显著水平为$p=0.03$。两个模型的结果均表明，道路通达性与老年人休闲性体力

---

① WU Z J, SONG Y L,WANG H L, et al. Influence of the built environment of Nanjing's Urban Community on the leisure physical activity of the elderly: An empirical study[J]. BMC Public Health, 2019(19):11.

活动水平呈显著性正相关，道路通达性越好，老年人休闲性体力活动水平越高。本书中金华市的调研结果提示，道路通达性是女性老年人休闲性体力活动的影响因素。道路通达性的回归系数为1432.46，显著水平为$p<0.007$，表明道路通达性与女性老年人休闲性体力活动水平呈显著性正相关，道路通达性越好，女性老年人休闲性体力活动水平越高。道路通达性与男性老年人休闲性体力活动水平不存在显著性相关。道路通达性与休闲性体力活动相关性的性别差异可能源于女性老年人是广场舞等中高强度休闲性体力活动的主要参与者，而老年人进行广场舞锻炼的场所通常与住宅有一定的步行距离，此时更好的道路通达性可以使老年人快速地到广场舞场地，进而增加其休闲性体力活动。

本章的优势与局限性

本章的优势主要有以下两点。第一，本章同时探讨了建成环境因素对老年人休闲性步行水平和休闲性体力活动水平的影响。与国外大量研究相比，我国在建成环境与居民体力活动相关性的研究相对较少，而专注于老年人和休闲性体力活动两个因素的更为少见，本章数据弥补了我国在建成环境与老年人休闲性体力活动相关性研究的不足，充实了相关科学研究数据库。通过研究发现，义乌市老年人的休闲性体力活动以休闲性步行为主，中高强度休闲性体力活动参与度严重不足。仅有1/5的老年人报告过去7天内有过中高强度休闲性体力活动，远低于世界卫生组织公布的大约有1/3的70—79岁老年人和1/2的80岁及以上老年人的体力活动量，达不到世界卫生组织推荐的每周至少150分钟中等强度体力活动的标准。由于本章样本中老年人中高强度休闲性体力活动的不足，义乌市老年人休闲性步行和休闲性体力活动的建成环境影响因素基本一致，仅有服务便捷性是老年人休闲性步行水平的影响因素，而非老年人休闲性体力活动的影响因素。

第二，我国有广大的国土面积和巨大的人口数量，而建成环境对老年人体力活动影响的研究则相对较少，有待进一步开展。目前香港地区在该领域的研究较为丰富，塞林团队致力于香港建成环境对老年人休闲性体力活动影响的研究多年，研究成果丰富。并且，该团队研制了针对中国地区的中文简化版邻近环境步行量表（NEWS-CS），多次被我国的其他研究采用，本书对建成环境的调研也采用该问卷，这对我国在建成环境与居民休闲性体力活动相关性的研究起到了重要推动作用。在内地，吴等人对南京市老年人休闲性体力活动和建成环境因素相关性进行了研究，本书团队对浙江省五个城市老年休闲性体力活动和建成环境因素相关性进行了研究，而其他研究的目标人群多为成年人。因此，内地建成环境对老年人休闲性体力活动影响的研究还有待进一步开展。本章研究的城市为小型城市义乌，弥补了我国小型城市相关研究的缺失。

本章主要有以下三点局限性。第一，本章的老年人休闲性步行水平、休闲性体力活动水平和建成环境因素的评价均采用主观性问卷，虽然主观性能更好地反映老年人的切身感受，但不可避免地产生一定的人为误差，这可能会对建成环境与老年人休闲性步行水平和休闲性体力活动水平相关性产生影响。第二，本书采用不包含人口社会学和包含人口社会学特征的两个回归模型对建成环境与老年人休闲性步行和休闲性体力活动的相关性进行分析。研究结果表明，包含人口社会学特征的模型对老年人休闲性步行和休闲性体力活动的解释度更高。

老年人休闲性步行的回归模型解释度由调整前的74%提到调整后的77%，老年人休闲性体力活动的回归模型解释度由调整前的75%提升至调整后的78%。模型解释度的提升主要是因为有两个人口社会学特征与老年人休闲性步行水平和休闲性体力活动水平呈显著性相关，建成环境因素对解释度的提升贡献不大。仅有道路通达性与休闲性步行水平的相关性由调整前的不显著变为显著，其他建成环境因素与老年人休闲性步行和休闲性体力活动的显著性均未发生变化。前人研究已经表明，除人口社会学特征外，社会环境及个人心理因素等均会对老年人的体力活动水平产生影响。本书未将老年人体力活动的其他可能影响因素纳入回归分析，一定程度影响建成环境因素与老年人休闲性步行和休闲性体力活动的相关性。

本章第三个局限性为将本书结论扩展至其他国家或中国其他地区需要保持谨慎，因为不同国家和地区在经济发展水平和人口规模上存在差异，这可能造成老年人人口社会学特征的差异，影响建成环境与老年人休闲性体力活动的相关性。本章结论仅基于当前老年人样本的义乌市，至于扩大样本量后义乌老年人休闲性步行和休闲性体力活动水平的建成环境影响因素是否会发生变化，以及我国其他小型城市老年人休闲性步行和休闲性体力活动和建成环境因素相关性如何，还有待进一步研究。

第五节　本章结语

当前，构建老年友好型城市，促进老年人中高强度休闲性体力活动势在必行。我们发现，义乌市老年人中高强度休闲性体力活动量严重不足。世界卫生组织建议老年人每周参加150分钟的中等强度休闲性体力活动，这会给老年人的身体健康带来巨大好处。老年人参加所建议的中等强度休闲性体力活动量达到1—2倍后，其死亡率比没有参加的降低31%。但在不考虑中高强度休闲性体力活动量的前提下，也仅有1/5的义乌市老年人自我报告在过去7天内有过中高强度休闲性体力活动，比世界卫生组织公布的中等强度休闲性体力活动量不达标的人数还要少。因此，采取必要措施促进老年人中高强度休闲性体力活动刻不容缓。对于建成环境因素，本章发现道路通达性可能是老年人中高强度休闲性体力活动的重要影响因素。这是因为老年人参加广场舞等中高强度休闲性体力活动的场地通常离家较远，良好的道路通达性能够帮助老年人更为方便快捷地到达锻炼场地，进而提高其参与中高强度休闲性体力活动的积极性。

义乌市老年人休闲性步行水平和休闲性体力活动水平的建成环境影响因素基本一致，仍存在一定差异。居住密度和城市美观性是两者共同的影响因素。道路通达性在经过人口社会学特征调整后也成为两者的共同影响因素。较低的居住密度、良好的城市美观性和道路通达性能够促进义乌市老年人休闲性步行水平和休闲性体力活动水平的共同提高。服务便捷性只与老年人休闲性步行水平呈显著性相关，并且不受回归模型的影响。良好的服务便捷性更多的是促进老年人休闲性步行水平而非中高强度休闲性体力活动水平的提高。土地混合利用度结果表明义乌市老年人步行至不同目的地所需花费的时间为11—20分钟，这完全在老年人可步行范围内，而老年人进行休闲性步行锻炼时通常会在住宅附近。良好的服务便捷性表明，老年人步行至店铺、公交站等很方便，并且没有过多的步行障碍，这有利于老年人进行休闲性步行锻炼。

我国建成环境因素对老年人休闲性体力活动影响的研究有待进一步开展。休闲性体力活动作为一种体力活动，因其消耗能量更大，能带来更多的健康收益。但与国外相比，我国关于建成环境对老年人体力活动的影响研究明显不足，专注于对老年人休闲性体力活动的影响更少之又少。开展建成环境对老年人休闲性体力活动的研究，寻找各个城市老年人休闲性体力活动的建成环境影响因素，为政府相关部门的城镇建设规划提供科学依据，对建立老年友好型城市，促进老年人休闲性体力活动水平和身体健康状况，以积极应对我国人口老龄化问题至关重要。

我国小型城市建成环境因素对老年人休闲性体力活动影响的研究还有待进一步开展。我国现有相关研究，对小型城市的关注较少。本章在义乌市开展的调查研究弥补了我国在小型城市相关研究的空白，但相关结论并不能适用于其他小型城市。本书对5个城市的调研结果也发现，不同城市在经济发展和人口规模等方面的差异使得老年人休闲性体力活动的建成环境影响因素不尽相同，这提示，在给当地政府部门的城镇规划工作提供建议前，开展大样本的本地研究十分有必要。

第五章

宁波市建成环境对老年人休闲性体力活动水平影响的研究

第一节　研究背景与目的

　　人口老龄化问题已成为全球性的社会问题。根据2019年联合国人口部门发布的报告《世界人口前瞻2019修订版》①，世界上已有16%的人口年龄超过65岁，至2050年80岁及以上人口数量将是目前的3倍。在中国，人口老龄化问题更为严重。2000—2017年，我国60岁及以上的老年人人口数量由1.26亿增加至2.41亿，占总人口的比重也由10.2%增长至17.3%。至2040年，60岁及以上老年人数量将达到24%。在宁波，据有关部门数据统计，2017年全市65岁及以上老年人的比例达到16.2%。人口快速老龄化给政府带来了巨大的医疗财政负担，如何提高老年人身体健康水平以积极应对人口老龄化问题迫在眉睫。流行病学研究表明，体育运动可以提高老年人身体健康水平。世界卫生组织建议老年人每周参加150分钟的中等强度休闲性体力活动。②与不参加休闲性体力活动的人相比，每周参加一定时间的中等强度休闲性体力活动但未达到世界卫生组织建议标准的老年人的死亡率会降低20%，每周参加1—2倍建议水平的休闲性体力活动老年人的死亡率会降低31%。国内外大量研究表明，建成环境是老年人休闲性体力活动

---

① UNITED NATIONS POPULATION DIVISION. 2019 Revision of World Population Prospects[R]. New York：United Nations, 2019.

② WORLD HEALTH ORGANIZATION. World Report on Ageing and Health [R]. Geneva, Switzerland: WHO, 2015.

的重要影响因素。良好的建成环境能够促进老年人休闲性体力活动水平，而不良的建成环境会阻碍老年人休闲性体力活动水平。

我国相关研究已表明，建成环境会对我国居民体力活动水平产生显著性影响。例如，杭州市针对25—59岁成年人的研究发现，体育锻炼场所的便捷性是男性居民休闲性体力活动的影响因素。体育锻炼场所的便捷性越好，男性居民休闲性体力活动水平越高。城市美观性和居住密度是女性居民休闲性体力活动的影响因素。较高的城市美观性和较低的居住密度能够促进女性居民参与休闲性体力活动。上海市对平均年龄为40岁的居民调研后发现，居住密度和道路通达性是居民休闲性体力活动的影响因素。较高的居住密度和较低的道路通达性指数是居民休闲性体力活动的促进因素。这些研究均表明，建成环境是居民体力活动水平的影响因素，但与以上两篇类似，目前我国大部分相关研究的对象为成年人，针对老年人的研究相对较少。

我国已开展老年人相关性研究的城市包括南京市、中山市和香港地区，以香港地区的研究最为知名。本书团队对浙江省的杭州市、温州市、金华市、义乌市等开展了建成环境对老年人休闲性体力活动影响的研究，这在一定程度上弥补了我国在该领域研究的不足。这些研究结果表明，各城市老年人体力活动水平的建成环境因素不尽相同。中山市的研究发现充足的人行道、密集的公交站、便捷的商业设施及绿化环境是老年人步行水平的积极影响因素。南京市的研究发现，道路通达性和街道坡度是老年人休闲性体力活动的影响因素。较好的道路通达性和较低的街道坡度能够促进老年人休闲性体力活动水平的提高。本书团队在浙江省几个城市的调研结果同样提示，不同规模城市在老年人休闲性体力活动的建成环境影响因素上存在明显差异。例如，服务便捷性和步行骑行设施是杭州老年人休闲性体力活动的影响因素，而居住密度、步行骑行设施、城市美观性、交通安全和社会安全是温州市老年人休闲性体力活动的影响因素。考虑到我国建成环境对老年人体力活动水平影响的研究较少，并且各城市建成环境对老年人休闲性体力活动的影响也不尽相同，因此有必要在我国更多的城市开展老年人的相关性研究，以充实数据库。

据我们所知，目前没有研究对宁波市老年人开展相关性研究。本章的目的是通过收集宁波市老年人休闲性体力活动水平和建成环境因素评分，探讨宁波市建成环境对老年人休闲性体力活动水平的影响，以丰富我国该领域研究成果。本章结果可为政府相关部门的城镇规划提供参考建议，以构建老年人体力活动促进型城市环境，提高老年人身体健康水平以积极应对人口老龄化问题。

第二节　研究方法

2019年4月至5月，本章团队对宁波市老年大学进行随机抽样调查。根据国家之前的退休年龄政策，部分女性在50岁时已处于退休状态。因此，本章受试者的年龄设定为50岁及以上。老年人受试者的纳入标准为：在目前居所已经居住6个月以上，无认知障碍并且具有正常的交流能力。为避免主观性调研方式对原始数据的影响，调研前对团队成员进行培训，保证每位调研人员充分理解问卷问题、熟知调研流程和调研注意事项。最终共收集问卷149份，其中因体力活动问卷或建成环境问卷部分信息缺失而剔除41份，有效问卷数量为108份。

本章采用基本信息问卷收集老年受试者人口社会学特征，包括性别、年龄、居住区域、文化程度、工作情况、月收入状况，下肢运动系统疾病情况和出行方式。采用国际体力活动短问卷（IPAQ-S）收集老年人体力活动数据。

采用国际标准的邻近环境步行量表（NEWS-A）收集老年人所感知的建成环境因素。关于建成环境调研问卷，在前几章已有详细描述，在本章不再重复。简而言之，该问卷对老年人感知的8个建成环境因素进行了评分，分别是居住密度、服务便捷性、道路通达性、步行骑行设施、城市美观性、交通安全、社会安全和土地混合利用度。其中，居住密度和土地混合利用度采用李克特量表5级评价标准，服务便捷性、道路通达性、步行骑行设施、城市美观性、交通安全和社会安全采用李克特量表4级评价标准。各建成环境因素最终得分由其包含的所有问题平均分代表。评分越高代表建成环境因素越好。采用频数分析对人口社会学特征数据、体力活动水平和建成环境评分进行描述。采用独立样本T检验或单因素方差分析探讨人口社会学特征各组的休闲性体力活动水平是否存在显著性差异。采用相关性分析和一般线性回归法探讨建成环境因素与老年人休闲性体力活动的相关性，显著水平为$p < 0.05$，统计软件为SPSS19.0。

第三节　研究结果

　　表5.1为本章中宁波老年人人口社会学特征以及休闲性体力活动的结果。本章中以女性老年人居多，占比70.4%，男性老年人占比29.6%。独立样本T检验的结果表明，男性老年人和女性老年人的休闲性体力活动存在显著性差异，显著水平为 $p=0.018$。男性老年人和女性老年人均以达到中等强度休闲性体力活动水平的人数最多。在老年人年龄结构方面，以60—64岁老年人人数最多，占比36.1%，70—74岁老年人人数次之，占比23.8%。总体而言，本次调研的宁波市老年人的年龄以60—74岁段为主。60岁以下和75岁及以上老年人人数相对较少。在不同休闲性体力活动水平组内，年龄结构特征与老年人总体样本年龄结构类似。三个水平的休闲性体力活动组均以60—64岁的老年人人数最多，体力活动水平由低到高各组的60—64岁老年人分别占比33.3%、37.5%、37.5%。不同年龄组间老年人的休闲性体力活动水平不存在显著性差异，显著水平为 $p=0.773$。对于居住区域，本书样本以宁波市老三区老年人为主，这与宁波市老年大学处于老三区中的海曙区有关。本章老年人样本人数由高到低的居住区域分别是海曙区、鄞州区、江北区，分别占比43.5%、30.6%、19.4%。镇海区和北仑区老年人人数相对较少。不同居住区域老年人的休闲性体力活动水平不存在显著性差异，显著水平为 $p=0.824$。

　　在文化程度方面，大专及以上学历的老年人人数最多，占比

43.8%。这与本团队在浙江省其他四个城市的老年人文化程度差异明显，这可能与调研场所的不同有关。宁波市的调研场所是老年大学，而其他城市的调研场所是社区街道。相对而言，学历水平相对较高的老年人更有可能参加老年大学。高中学历水平的老年人占比38.9%，初中及以下的老年人人数最少，仅占比17.6%。在不同休闲性体力活动水平组内，老年人的文化结构存在一定差异。在低度体力活动组，高中学历的人数最多，占比47.6%，而在中度体力活动组和高度体力活动组，大专及以上老年人人数最多，分别占比47.3%、46.9%。不同文化程度老年人的休闲性体力活动不存在显著性差异，显著水平为$p=0.348$。在工作状况方面，98.1%的老年人已处于退休状态。

在本章老年人样本的月收入状况方面，月收入4501元以上的老年人人数最多，占比52.8%。3501—4500元的老年人人数次之，占比25.9%。这与本团队在其他四个城市的老年人样本的月收入状况存在明显差异，可能的原因与老年人文化结构差异原因相同。本章的调研对象是学历和月收入较高的老年人。在不同体力活动水平组，中度体力活动组和高度体力活动组老年人月收入结构相同，均以月收入4501元以上的老年人人数最多，分别占比56.4%和62.5%。而在低度体力活动组，月收入4501元以上的老年人仅占25.6%，月收入3501—4500元老年人和月收入2501—3500元老年人人数较多，分别占比38.1%和33.3%。不同月收入状况老年人的休闲性体力活动不存在显著性差异，显著水平为$p=0.068$。在下肢运动系统疾病情况方面，67.6%的老年人自我报告过去半年内相关疾病，另有32.4%的老年人报告有相关疾病。在各体力活动水平组内，也均以无下肢运动系统疾病老年人居多。不同下肢运动系统疾病情况老年人的休闲性体力活动不存在显著性差异，显著

水平为 $p=0.27$。

　　在出行方式方面，以汽车为日常主要出行方式的老年人人数最多，占比61.1%，选择自行车等非机动车作为日常主要出行方式的老年人人数次之，占比25.9%，步行出行的老年人人数最少，占比13%。在不同休闲性体力活动水平组间，老年人日常出行方式也存在一定差异。中度体力活动组和高度体力活动组老年人均以汽车等机动车作为日常出行方式的老年人人数最多，分别占比65.5%、65.6%。而在低度体力活动组，汽车出行老年人的占比为42.9%，而选择自行车等非机动车作为日常出行方式的老年人人数也相对较多，占比47.6%。步行出行老年人人数较少，占比13%。不同出行方式老年人的休闲性体力活动水平不存在显著性差异，显著水平为 $p=0.572$。本章样本中宁波市老年人平均休闲性体力活动水平为2708.03 MET. min/week，标准差为3197.25。较大的标准差表明宁波市老年人休闲性体力活动水平个体间差异较大。低度体力活动组老年人休闲性体力活动平均水平为313 MET. min/week，标准差为537 MET. min/week；中度休闲性体力活动组老年人休闲性体力活动平均水平为1522.92 MET. min/week，标准差为792 MET. min/week；高度休闲性体力活动组老年人休闲性体力活动平均水平为6316.69 MET. min/week，标准差为3819 MET. min/week。各组间老年人休闲性体力活动存在显著性差异，显著水平为 $p<0.001$。

表5.1 宁波市老年人口社会学特征及各组间休闲性体力活动水平差异

单位:人

特征	总计	体力活动组			组间休闲性体力活动水平差异
		体力活动较低	体力活动中等	体力活动较高	
1.性别					
男	32(29.6%)	2(9.5%)	17(30.9%)	13(40.6%)	0.018*
女	76(70.4%)	19(90.5%)	38(69.1%)	19(59.4%)	
2.年龄组(岁)					0.773
50—54	2(1.9%)	0(0%)	1(1.8%)	1(3.1%)	
55—59	10(9.3%)	4(19%)	5(9.1%)	1(3.1%)	
60—64	39(36.1%)	7(33.3%)	20(37.5%)	12(37.5%)	
65—69	19(17.6%)	3(14.3%)	8(29.0%)	8(25.0%)	
70—74	25(23.8%)	5(23.8%)	12(21.8%)	8(25.0%)	
75及以上	13(9.5%)	2(9.6%)	9(19.6%)	2(6.3%)	
3.居住区域					0.824
鄞州	33(30.6%)	4(19.0%)	19(34.5%)	10(31.3%)	
海曙	47(43.5%)	12(57.1%)	23(41.8%)	12(37.5%)	
江北	21(19.4%)	5(23.8%)	9(16.4%)	7(21.9%)	
镇海	2(1.9%)	0(0%)	1(1.8%)	1(3.1%)	
北仑	5(4.6%)	0(0%)	3(5.5%)	2(6.2%)	
4.文化程度					0.348
初中及以下	19(17.6%)	5(23.8%)	9(16.4%)	5(15.6%)	
高中、中专、技校	42(38.9%)	10(47.6%)	20(36.4%)	12(37.5%)	

续表

大专、大学本科及以上	47(43.8%)	6(28.6%)	26(47.3%)	15(46.9%)	
5.工作情况					0.417
有工作	2(1.9%)	0(1.8%)	1(1.8%)	1(3.1%)	
退休	106(98.1%)	21(100%)	54(98.2%)	31(96.9%)	
6.收入状况					0.068
1501—2500元	2(1.9%)	0(0.0%)	2(3.6%)	0(0.0%)	
2501—3500元	21(19.4%)	7(33.3%)	10(18.2%)	4(12.5%)	
3501—4500元	28(25.9%)	8(38.1%)	12(21.8%)	8(25.0%)	
4501元及以上	57(52.8%)	6(25.6%)	31(56.4%)	20(62.5%)	
7.是否有运动疾病					0.270
是	35(32.4%)	5(23.8%)	18(32.7%)	12(37.5%)	
否	73(67.6%)	16(76.2%)	37(67.3%)	20(62.5%)	
8.出行方式					0.572
私家车、公共交通、单位用车	66(61.1%)	9(42.9%)	36(65.5%)	21(65.6%)	
自行车、电动车、助力车	28(25.9%)	10(47.6%)	11(20.0%)	7(21.9%)	
步行	14(13%)	2(9.5%)	8(14.5%)	4(12.5%)	
休闲性体力活动水平[a] ($met×min^{-1}×week^{-1}$)	2708.03(3197.25)	313.00(537.00)	1522.92(792.00)	6316.69(3819.00)	<0.001*

注：*代表 $p<0.05$。

191

表5.2为宁波老年人建成环境评分与老年人人口社会学特征相关分析的显著水平结果。结果表明，居住密度评分与年龄呈显著性相关，显著水平为$p=0.016$。道路通达性评分与月收入状况呈显著性相关，显著水平为$p=0.015$。步行骑行设施评分与年龄和出行方式呈显著性相关，显著水平分别为0.034和0.009。美观性评分与下肢运动系统疾病情况存在显著性相关，显著水平为$p=0.006$。社会安全评分与文化程度呈显著性相关，显著水平为$p=0.025$。

表5.2　宁波市老年人人口社会学特征与建成环境评分间相关性显著水平

人口社会学特征	居住密度	服务便捷性	道路通达性	步行骑行设施	美观性	交通安全	社会安全	土地混合利用度
年龄	0.016*	0.123	0.523	0.034*	0.518	0.579	0.061	0.587
文化程度	0.480	0.109	0.997	0.444	0.864	0.939	0.025*	0.995
收入状况	0.010ª	0.418	0.015*	0.101	0.108	0.640	0.194	0.628
出行方式	0.555	0.718	0.427	0.009*	0.197	0.625	0.426	0.563
是否有运动疾病	0.724	0.517	0.866	0.074	0.006*	0.407	0.348	0.751

注：*代表$p<0.05$。

表5.3为不同休闲性体力活动水平组的建成环境评分对比。结果表明，高度体力活动组为三组间评分最高、建成环境因素最多，包含的5项建成环境因素分别是居住密度、服务便捷性、步行骑行设施、美观性和交通安全性。居住密度的评分表现出较为明显的，随老年人休闲性体力活动水平的升高而增加的趋势。高度体力活动组

的居住密度评分最高，为2.87；中度体力活动组的居住密度评分为2.65；低度体力活动组的评分最低，为2.57。对于服务便捷性，高度体力活动组评分最高，为2.89。低度体力活动组评分略高于中度体力活动组。全体老年人的平均评分为2.74。对于道路通达性，高度体力活动组和低度体力活动组评分相当，分别为3.32和3.33；中度体力活动组评分最低，为2.89；全体老年人道路通达性的平均评分为3.10。对于步行骑行设施，高度体力活动组评分最高，为3.22；低度体力活动组评分略高于中度体力活动组；全体老年人步行骑行设施评分为3.05。对于城市美观性，高度体力活动组评分最高，为2.93；低度体力活动组评分次之，为2.83；中度体力活动评分最低，为2.56。全体老年人的平均评分为2.72。

对于交通安全，高度体力活动组评分同样最高，为2.50；其他两组评分相当，全体老年人的平均评分为2.35。对于社会安全，评分由高到低的组别依次为中度体力活动组、低度体力活动组、高度体力活动组。对于土地混合利用度，其评分表现有明显的随体力活动水平升高而降低的趋势。低度体力活动组的评分最高，为2.95；高度体力活动组的评分最低，为2.53。土地混合利用度对老年人步行至不同目的地的平均步行时间进行评价。较低的土地混合利用度评分代表老年人从住宅步行至不同目的地所需花费平均步行时间越短。因此，不同体力活动水平组间的建成环境评分对比结果可能提示，老年人住宅与不同目的地的平均步行距离越短，其休闲性体力活动水平越高。至于这一点是否具有统计学意义，取决于回归分析的结果。

表5.3　不同体力活动组的建成环境评分比较

建成环境因素	体力活动低组	体力活动中等组	体力活动高组	全体老年人样本
居住密度	2.57±0.19	2.65±0.17	2.87±0.18	2.70±0.10
服务便捷性	2.74±0.18	2.66±0.16	2.89±0.18	2.74±0.10
道路通达性	3.33±0.31	2.89±0.20	3.32±0.23	3.10±0.14
步行骑行设施	3.05±0.17	2.96±0.17	3.22±0.26	3.05±0.12
美观性	2.83±0.33	2.56±0.19	2.93±0.23	2.72±0.13
交通安全	2.30±0.39	2.29±0.20	2.50±0.19	2.35±0.19
社会安全	1.89±0.47	1.93±0.25	1.76±0.31	1.87±0.17
土地混合利用度	2.95±0.33	2.75±0.18	2.53±0.22	2.72±0.12

　　表5.4为宁波市老年人休闲性体力活动和建成环境因素的相关性分析结果。结果表明，与宁波市老年人休闲性体力活动水平呈显著性相关的建成环境因素有两个，包括步行骑行设施和土地混合利用度。步行骑行设施与老年人休闲性体力活动呈显著性正相关，显著水平为$p=0.021$，相关系数为0.223，表明宁波市步行骑行设施越好，老年人休闲性体力活动水平越高。土地混合利用度和老年人休闲性体力活动呈显著性负相关，显著水平为$p=0.001$，相关系数为-0.307，表明土地混合利用度评分越低，老年人休闲性体力活动水平越高。由于建成环境问卷中土地混合利用度是对老年人住宅和不同目的地的平均步行距离进行评价，其评分越低代表住宅与不同目的地的平均步行距离越远，因此土地混合利用度和老年人休闲性体力活动的负相关结果表明不同目的地与老年人住宅的平均步行距离越近，老年人休闲性体力活动水平越高。

　　在所有建成环境评分中，道路通达性的评分最高，为3.10，表明宁波市老年人对道路通达性表达出基本满意的态度，但道路通达性与老年人休闲性体力活动不存在显著性相关，显著水平为$p=0.112$。步行骑行设施的评分位列第二，为3.05，表明宁波市老年人对步行骑行设施也是基本满意的态度。相关性分析结果表明，步行骑行设施与老年人休闲性体力活动水平呈显著性正相关。交通安全和社会安全的评分相对较低，与其他几个城市的调研结果相同。交通安全性的评分为2.35，代表老年人对宁波市交通安全性的满意度处于不太满意和基本满意间，倾向于不太满意。社会安全的评分为1.87，代表宁波市老年人对社会安全的满意度处于非常不满意和基本满意间，倾向于基本满意。交通安全性和社会安全均与老年人休闲性体力活动不存在显著性相关，显著水平分别为$p=0.354$和$p=0.154$。

表5.4　宁波老年人体力活动总体水平与建成环境主观感知相关性结果

建成环境因素	总体体力活动 MET 值（met×min^{-1}×week^{-1}）			
	Mean	Std. Deviation	相关系数	p
居住密度	2.70	0.56	0.125	0.198
服务便捷性	2.74	0.51	0.175	0.070
道路通达性	3.10	0.73	0.154	0.112
步行骑行设施	3.05	0.62	0.223	0.021*
美观性	2.72	0.70	0.152	0.116
交通安全	2.35	0.70	0.090	0.354
社会安全	1.87	0.92	−0.138	0.154
土地混合利用度	2.72	0.66	−0.307	0.001*

注：*代表$p<0.05$。

表5.5为宁波老年人休闲性体力活动水平和建成环境因素的一般线性回归分析结果。由于相关分析结果表明，步行骑行设施和土地混合利用度与老年人休闲性体力活动存在显著性相关，因此仅把这两个建成环境因素纳入回归模型。回归结果表明该模型的R^2值为0.376，表明该模型可以在37.6%的程度上解释老年人休闲性体力活动水平。模型显著水平为$p<0.001$，表明该回归模型具有显著性，即回归模型成立。两个建成环境因素与老年人休闲性体力活动水平的相关性分析结果相一致。步行骑行设施的回归系数为1027.823，显著水平为$p=0.018$，表明其与老年人休闲性体力活动呈显著性正相关，即步行骑行设施越好，老年人休闲性体力活动水平越高。土地混合利用度的回归系数为-1336.368，显著水平为$p=0.001$，表明土地混合利用度与老年人休闲性体力活动水平呈显著性负相关，即住宅与不同目的地的平均步行时间越短，老年人休闲性体力活动水平越高。

表5.5　宁波市老年人休闲性体力活动和建成环境因素的回归分析结果

模型	非标准化系数		t	p	95.0%置信区间	
	B	Std. Error			下限	上限
常数	3206.939	1728.044	1.856	0.066	-219.453	6633.330
步行骑行设施	1027.823	426.614	2.409	0.018*	181.926	1873.720
土地混合利用度	-1336.368	398.439	-3.354	0.001*	-2126.398	-546.338

注：*代表$p<0.05$，回归模型的R^2值为0.376，显著水平为$p<0.001$。

第四节　讨　论

　　本章的主要目的是探讨宁波市建成环境对老年人休闲性体力活动水平的影响，以弥补宁波市相关研究的空白，并充实我国在该领域研究的数据库。相关分析和一般线性回归结果表明，步行骑行设施和土地混合利用度是宁波市老年人休闲性体力活动的建成环境影响因素，未发现其他建成环境因素与宁波市老年人休闲性体力活动水平存在显著性相关。

步行骑行设施

　　良好的步行骑行设施有利于促进宁波市老年人休闲性体力活动水平的提高。相关性分析结果表明，步行骑行设施与老年人休闲性体力活动存在显著性相关，显著水平为 $p=0.021$，相关系数为 0.223，表明步行骑行设施与老年人休闲性体力活动存在显著性正相关。一般线性回归结果也表明两者存在显著性正相关，回归系数为 1027.823，显著水平为 $p=0.018$。不同体力活动水平老年人的步行骑行设施评分表明，体力活动水平高的老年人的步行骑行设施评分最高，为 3.22，而低度体力活动组和中度体力活动活动组老年人的步行骑行设施评分为 3.05 和 2.96。这一研究结果与国外研究结果相一致。班纳特（Barnett）

等[1]于2017年发表的综述提到，步行设施与老年人体力活动水平呈显著性相关关系，显著水平为$p=0.009$，与老年人步行水平也呈显著性相关，显著水平为$p=0.042$。当区分老年人体力活动的测量工具时，步行设施与客观性评价的老年人体力活动水平呈显著性相关，显著水平为$p=0.031$，但与主观性评价的老年人体力活动水平不存在显著性相关，显著水平为$p=0.059$。当区分建成环境因素的测量工具时，客观性评价的步行设施与老年人体力活动水平存在显著性相关，显著水平为$p=0.028$，而主观性评价的步行设施与老年人体力活动并不存在显著性相关，显著水平为$p=0.137$。可见，步行设施的确会对老年人体力活动水平和步行水平产生显著的影响，但要区分建成环境和体力活动的测量工具。相对而言，采用客观性工具评价的老年人体力活动和建成环境更易存在显著性相关。

勒瓦瑟等[2]于2015年发表的综述同样提出，步行骑行设施与老年人体力活动水平呈显著性相关关系。该综述对1997—2013年间发表的横断面研究进行了检索，关键词搜索后确定了4802篇文献，筛查后确定50篇文献纳入综述范围。纳入的研究多来自北美地区，其中美国研究占比24.48%，加拿大研究占比15.30%。研究发现，有7篇研究对步

① BARNETT D W, BARNETT A, NATHAN A, et al. Built environmental correlates of older adults' total physical activity and walking: A systematic review and meta-analysis[J]. International Journal of Behavioral Nutrition and Physical Activity, 2017(14): 23.

② LEVASSEUR M, GÉNÉREUX M, BRUNEAU J F, et al. Importance of proximity to resources, social support, transportation and neighborhood security for mobility and social participation in older adults: Results from a scoping study[J]. BMC Public Health ,2015(15): 503.

行骑行设施与老年人体力活动水平的相关性进行了探讨。其中，4篇研究发现步行骑行设施与老年人体力活动水平呈显著性正相关，另外3篇未发现步行骑行设施与老年人体力活动水平呈显著性相关关系。例如，斯特拉斯等①于2004年10月至2005年3月间对美国37名55岁及以上的老年人进行了访谈式的定性研究。调研后发现，老年人关于体力活动影响因素提及最多的是基础设施。

　　该文章提到，54%的老年人认为良好的基础设施会对他们参与体力活动产生积极影响。是否有人行道、人行道的道路状况，以及是否有状况良好的自行车道是重要的体力活动影响因素。老年人关于基础设施的一致性意见是将行人、骑自行车的人与机动车分离开以保证人身安全。单独的自行车道对促进老年人骑行和步行均有好处。有老年人提道："我家附近有路况良好的自行车道和人行道，我每天会和朋友一起步行大约2公里的路程。"当被问及体力活动的阻碍因素时，更多的老年人强调了基础设施情况对其体力活动水平的重要影响。73%的男性老年人和67%的女性老年人认为糟糕的步行骑行设施状况对其参与体力活动产生不利影响。有老年人提道："我在马路边行走时感到十分紧张，汽车行驶得那么快，你必须意识到如果你不够小心，就有可能发生交通事故。"另有老年人提道："没有人行道，你必须走在马路上，那样不安全，所以我为什么要去步行呢？我想看到更多的人行道，这会令我步行时感到安全，我们都是纳税人，我们也为修路买单了。"

---

　　① STRATH S, ISAACS R, GREENWALD M J. Operationalizing environmental indicators for physical activity in older adults[J]. Journal of Aging and Physical Activity, 2007,15(4):412-424.

土地混合利用度

土地混合利用度结果表明，老年人住宅与不同目的地的步行时间越短，老年人休闲性体力活动水平越高。不同体力活动水平老年人的土地混合利用度评分表现出明显的随老年人体力活动水平升高而降低的趋势。高度体力活动水平组的老年人对土地混合利用度评分最低，为2.53，这代表老年人从住宅步行至不同目的地的平均步行时间处于"6—10分钟"和"11—20分钟"的中间水平。中度体力活动组和低度体力活动组的老年人的土地混合利用度评分分别为2.75和2.95，代表这两组老年人从住宅步行至不同目的地的平均步行时间为"6—10分钟"和"11—20分钟"的中间水平，但更倾向于"11—20分钟"，要高于高度体力活动组老年人所需的步行时间。相关分析和回归分析结果也证明了这一观点。相关分析结果表明，土地混合利用度与老年人休闲性体力活动水平呈显著性负相关，相关系数为-0.307，显著水平为$p=0.001$。回归分析结果表明，土地混合利用度的回归系数为-1336.368，显著水平为$p=0.001$。这两部分结果均表明，土地混合利用度与老年人休闲性体力活动呈显著性负相关，即土地混合利用度评分越低，老年人休闲性体力活动水平越高。也就是代表住宅与不同目的地的平均步行时间越短，老年人休闲性体力活动水平越高。

宁波市这一研究结果与国内外研究结果相一致。重松（Shigematsu）

等[①]对美国华盛顿州1623名20—97岁成年人的休闲性体力活动水平和建成环境因素进行调研，分别采用体力活动问卷（IPAQ）和邻近环境步行量表（NEWS）收集体力活动数据和建成环境评分，并根据年龄将受试者分为20—39、40—49、50—65、66—75、76岁及以上组。结果表明，与非住宅场所（例如商店）、娱乐场所和邻近程度与两个年龄较大组老年人的交通性步行和休闲性步行水平呈显著性相关。不同目的地的邻近程度与50—65岁老年人交通性步行水平和休闲性步行水平呈显著性相关，显著水平为$p < 0.05$，控制性别、BMI、教育程度、月收入状况和是否有驾照后，其偏相关系数为0.132。不同目的地的邻近程度与66—75岁老年人交通性步行水平和休闲性步行水平也呈显著性相关，显著水平为$p < 0.05$，偏相关系数为0.173。

埃罗宁（Eronen）等[②]对芬兰261名75—81岁拥有正常步行能力的老年人进行了3.5年的跟踪调查后提出，户外有步行范围内并且易于到达的公共设施，能够促进老年人的体力活动，保障老年人的步行能力。该研究采用自编问卷对老年人户外步行活动的环境促进因素和阻碍因素进行调查，调研问卷的内容包括：公园或其他绿地处于与住宅的可步行范围内、娱乐设施处于与住宅的可步行范围内、户外附近有吸引人的景物等。每6个月对老年人的步行能力进行测试，在3.5年跟踪过程中，有45%的老年人无法完成500米范围的步行，即其步行能

---

① SHIGEMATSU R, SALLIS J F,CONWAYT L, et al. Agedifference sintherelation of perceived neighborhood environment to walking[J]. Medicine and Science in Sports and Exercise ,2009(41):314-321.

② ERONEN J, BONSDORFF M, RANTAKOKKO M, et al. Environmental facilitators for outdoor walking and development of walking difficulty in community dwelling older adults[J]. European Journal of Ageing, 2014,11(1):67-75.

力发生障碍。而老年人步行的环境促进因素能够降低发生步行能力障碍的概率，优势比为0.86，95%置信区间为0.73—1.02。这一结果说明，老年人住宅附近有适合老年人步行的环境因素时，老年人发生步行能力障碍的概率是其他老年人的86%，即降低了14个百分点。

老年人提及最多的环境促进因素是住宅附近有公园或绿地。95.8%的无步行功能障碍老年人表示住宅附近有公园或其他绿地环境，而90.7%的有步行功能障碍的老年人表示住宅附近有公园或其他绿地环境，两者相差了5.1%。此外，93.7%的无步行功能障碍的老年人表示住宅附近有娱乐设施，而有步行功能障碍老年人的这一比例为89.8%，两者相差3.9%。这两个比例的差异可以在一定程度上说明，公园、娱乐设施等处于离家较近的步行距离，能够促进老年人参与步行锻炼，保护其步行能力。

其他建成环境因素及局限性

在其他相关分析中，和老年人休闲性体力活动水平不具有显著性相关的建成环境因素中，有4个建成环境因素的最高评分为高度体力活动组，分别是居住密度、服务便捷性、城市美观性和交通安全性。其中，居住密度评分表现出明显随老年人体力活动水平升高而增大的趋势。高度体力活动组的居住密度评分为2.87，中度和低度体力活动组的居住密度评分依次为2.65、2.57。虽然居住密度与老年人休闲性体力活动的相关显著性为$p=0.198$，即不具有统计学意义，但这可能是样本量较小造成的。居住密度评分随体力活动水平升高而增大的趋势可能提示，较高的居住密度能够提高老年人休闲性体力活动水平。至少扩大样本量后，居住密度是否与老年人休闲性体力活动水平存在显著性相关关系，有待进一步研究。

对于交通安全性，高度体力活动组的评分为2.50，中度和低度体力活动组的评分分别为2.29、2.30。高度体力活动组的交通安全性评分明显高于其他两个组别的评分。对于服务便捷性，高度体力活动组的评分为2.89，中度体力活动组的评分为2.66，低度体力活动组的评分为2.74。高度体力活动组的评分最高，中度体力活动组评分最低。城市美观性评分的情况和服务便捷性类似，高度体力活动组评分最高，为2.93；中度体力活动组评分最低，为2.56；低度体力活动组的评分为2.83。对于这三个建成环境因素，虽然相关分析结果表明，它们与老年人休闲性体力活动水平不存在显著性相关，但均表现出高度体力活动组的评分最高。这可能提示，这三个建成环境因素对老年人休闲性体力活动水平有一定的促进作用，而这种作用也许在扩大样本量后才得以显现。至于情况是否真如此，有待未来进一步研究。

本章存在一定的局限性。首先，本章主要采用主观性调研问卷收集宁波市老年人休闲性体力活动和建成环境数据，尽管调研前已对调研人员进行了专门培训并且设定较为严格的老年受试者纳入标准，但主观性调研方法不可避免地包含个人误差，这可能会对建成环境和老年人休闲性体力活动水平的相关性产生一定影响。其次，在进行老年人休闲性体力活动水平和建成环境评分的一般线性回归分析时，只将相关分析中具有显著性的步行骑行设施和土地混合利用度两个建成环境因素纳入回归模型，未将与老年人休闲性体力活动不存在显著性相关的建成环境因素和人口社会学特征因素纳入回归模型，这一定程度上可能影响回归模型的解释度。但老年人休闲性体力活动的影响因素较多，除人口社会学特征外，个人心理状态、社会支持等均会产生一定程度的影响，但在一篇研究中包含老年人休闲性体力活动水平的所有影响因素明显不现实。本章未包含建成环境外其他影响因素的模型同样可在一定程度上解释老年人休闲性体力活动水平。

最后，本章调研在宁波市老年大学进行，而本团队成员只能利用课后时间展开调研。课程结束后，老年人一般急于回家，这给本书数据的收集带来了巨大困难，造成总样本不足的情况，无效样本也相当多。本章样本量为本书所有调研城市中最小，这可能对建成环境和老年人休闲性体力活动的相关性产生影响。例如，本章发现四个建成环境因素的评分均表现出高度体力活动组最高，但相关分析未发现它们与老年人休闲性体力活动存在显著性相关。宁波市老年人休闲性体力活动的建成环境因素在扩大样本量是否会有所变化，有待进一步研究。

第五节　本章结语

本章对宁波市老年人休闲性体力活动水平和建成环境因素的相关性进行了探讨，弥补了宁波市相关研究的空白，并充实了我国大型城市相关研究成果数据库。研究发现，步行骑行设施和土地混合利用度是宁波市老年人休闲性体力活动水平的影响因素。较好的步行骑行设施及不同目的地与住宅更近的步行距离有利于宁波市老年人参与更多的休闲性体力活动。未发现其他建成环境因素与宁波市老年人休闲性体力活动存在显著性相关，这可能与本章样本量较小有关。至于扩大样本量后，宁波市老年人休闲性体力活动水平的建成环境影响因素是否会发生变化，有待进一步研究。

本章结果提示样本量大小会对调研性研究结果产生一定程度的影响。本章虽然只发现步行骑行设施和土地混合利用度和老年人休闲性体力活动存在显著性相关，但对于未发现与老年人休闲性体力活动水平存在显著性相关的居住密度、服务便捷性、城市美观性和交通安全，高度体力活动组的评分均为最高。这可能提示这四个建成环境因素与老年人休闲性体力活动存在一定程度的关联。可能是受限于样本量较小，未发现这四个建成环境因素与老年人休闲性体力活动水平存在显著性相关。至于扩大样本量后，这四个建成环境因素是否会与老年人休闲性体力活动水平存在显著性相关，有待进一步研究。

调研发现，交通安全性是各调研城市老年人普遍评价较低的建成环境因素。和其他四个调研城市一样，宁波市老年人对交通安全性的同样评价相对较低。宁波市老年人的交通安全性评分为2.35，代表老年人对交通安全性的满意度处于不太满意和基本满意间，倾向于不太满意。随着我国经济的发展，私家车的保有量呈指数型增长，这给城市尤其是宁波这样的大型城市的交通系统带来的巨大考验，也给老年人的日常出行和参与休闲性体育锻炼设置了障碍。如何采取有效措施保证人车分离，保障老年人的人身安全，提高交通安全性以及优化道路环境促进老年人休闲性体力活动水平，是政府相关部门需要着重考虑的问题。

第六章

五座城市调研
结果总结

第一节　研究背景

据联合国人口部门于2019年发布的《世界人口前景》报告指出：于21世纪中叶，65岁及以上老年人将占到世界总人口的16%。80岁及以上老年人数量将是当前的3倍。世界卫生组织于2016年发布的《中国老龄化与健康国家评估报告》指出：中国人口老龄化进程要远快于很多国家。在未来25年里，中国60岁及以上老年人在全人口中的构成比例将增加1倍以上，预计将从2010年的12.4%（1.68亿人）增长到2040年的28%（4.02亿人）。而法国、瑞典、美国的老年人人口比例从7%提升至14%分别用了115年、85年和69年。到2050年，中国60岁及以上的老年人口预计将达到9040万人，成为全球最大的老年人群体。

随着人口老龄化的加剧，老年人健康已成为中国重要的社会问题。国内外已有充足的研究证据表明，体力活动对提高老年人身体健康水平发挥着积极作用。流行病学研究表明，体力活动能够降低肥胖、糖尿病、心血管疾病及其他慢性病发生率。体力活动包含家庭相关、工作相关、交通相关及休闲性体力活动四种类型。其中，休闲性体力活动由于其消耗的能量更大可以带来更多的健康收益。国外的社会生态学模型（socio-ecological model）提出，体力活动的影响因素包括个人内在因素（缺乏兴趣、害怕跌倒）、社会支持因素（同伴或家庭）及环境因素（建成环境）。已有大量研究表明，建成环境与老年人休闲性体力活动水平息息相关。国外该领域的研究开展较早，研究成果较为丰富。国内该领域研究则起步较晚，研究有待进一步展开。

对于建成环境和体力活动，均有较为成熟的国际问卷进行评价，并且问卷的信效度已经过检验，可用于实际调研。邻近环境步行量表（NEWS）最早由美国开发，后被各国研究人员广泛用于建成环境评价调查，并且各国研究人员根据当地的实际情况研发出了适合当地建成环境的改良版本。该问卷的中文版（NEWS-CS）由香港研究团队开发，后被内地研究人员用于调研活动。体力活动水平的评价则可采用国际体力活动问卷进行评价（international physical activity question-naire）。

在我国人口老龄化背景下，老年人休闲性体力活动日益增长的需求和城市建成环境发展滞后的矛盾突出。在2016年发布的《健康中国2030规划纲要》中明确提出："把健康城市和健康村镇建设作为推进健康中国建设的重要抓手，保障与健康相关的公共设施用地需求，完善相关公共设施体系、布局和标准，把健康融入城乡规划、建设、治理的全过程，促进城市与人民健康协调发展。"因此，本书旨在探寻我国长三角地区城镇建成环境对老年人休闲性体力活动的影响。从建成环境角度研究促进老年人休闲性体力活动的方法途径，可为浙江省已出现、正日趋加剧并将持久存在的老龄化社会的新城市建设提供依据，为浙江省数千万老年人通过增加休闲性体力活动促进健康提供指导。

笔者在完成的教育部人文社会科学研究青年基金项目"我国城镇建成环境对老年人休闲性体力活动影响的研究——以浙江省为例"，针对浙江省城镇建成环境如何影响老年人休闲性体力活动水平这一科学问题，对杭州、宁波、温州、金华和义乌五个城市开展实地调研与数据分析，从建成环境角度研究促进老年人休闲性体力活动的方法和途径。研究后发现，就浙江省而言，不同发展水平城市的老年人休闲性体力活动建成环境影响因素不尽相同，并表现出一定的性别差异。五个城市的具体调研结果及主要观点如下。

第二节 杭州市老年人休闲性体力活动的建成环境影响因素

杭州市的体力活动问卷结果表明，杭州市老年人的每周休闲性体力活动水平为 2048.1±1886.6MET.min/week，根据国际体力活动问卷的评价标准，杭州市老年人平均休闲性体力活动处于中等水平，在调研的五座城市中处于较低水平。一般线性回归的结果表明，杭州市老年人休闲性体力活动的建成环境影响因素包括服务便捷性、步行道路状况和安全性三大要素（参见表6.1）。

建成环境对老年人休闲性体力活动的影响具体表现如下。

1.服务便捷性。研究结果表明服务便捷性与老年人休闲性体力活动呈现负相关，即服务便捷性较低时老年人休闲性体力活动水平较高。这与国外部分研究结果相反。范考文博格等调研后提出，在比利时，较高的服务便捷性有利于提高老年人休闲性体力活动水平。国内外研究结果差异的原因可能是国外人口密度要远远低于中国。在国外，地广人稀的状况导致各种公共服务设施（店铺、公园、公共交通等）与住宅的距离相对较远，公共服务便捷性是老年人是否参加休闲性体力活动的主要考量，而较为便捷的公共服务有利于促进老年人参与休闲性体力活动。但在中国，尤其是杭州这种人口密度较大的城市，公共服务设施与住宅的距离要远远小于国外。在本书中，杭州老年人对服务便捷性的评价为2.94（满分为4），意味着老年人基本认可公共服务设施在距离住宅可步行的范围内。此时，略低的服务便捷性可增加老年人步行至公共服务设施所需要的时间，进而提高老年人休闲性体力活动水平。

2.步行道路状况。回归结果表明，杭州市步行道路状况与老年人休闲性体力活动呈正相关，即较好的步行道路状况有利于提高老年人休闲性体力活动水平，这与孙等人及国内其他研究者的结果相一致。随着年龄的增长，老年人身体机能在逐年下降，本体感觉能力以及平衡能力的降低使得老年人对住宅附近物理障碍尤为敏感。较差的道路状况会使老年人产生畏惧心理，阻碍其参与休闲性体力活动。反之，较好的道路状况则会鼓励老年人参与休闲体育锻炼。

3.安全性。杭州市老年人休闲性体力活动水平与安全性呈正相关，即较高的安全性有利于促进老年人休闲性体力活动水平的提高。这与香港地区的研究结果相同，塞林等人发现老年人不参与休闲性体力活动的概率与附近环境安全性息息相关。而国内其他研究并未发现城市安全性与老年人或成年人的休闲性体力活动存在相关关系。根据美国民调机构盖洛普（Gallup）公司于2020年发布的《全球安全报告》（*Global Law and Order*），中国在全球所有国家中排名第三。民众对国家治安的满意度远远高于世界其他国家。因此，安全性是否为我国老年人休闲性体力活动水平的影响因素有待进一步研究。

表6.1　杭州市老年人休闲性体力活动水平与建成环境相关性分析

建成环境因素	建成环境各因素得分	B	SE	p
居住密度	674.30±180.40	−0.96	0.58	0.10
服务便捷性	2.94±0.49	−789.51	228.74	0.001*
道路通达性	3.16±0.71	97.45	162.39	0.55
道路状况	3.10±0.39	1016.69	236.44	<0.001*
人文环境	2.71±0.57	28.72	193.25	0.88
交通安全	1.89±0.84	256.46	150.43	0.09
社会安全	2.37±0.81	520.49	161.05	0.001*
步行距离指数	2.74±1.02	27.60	101.217	0.79

注：自变量为老年人休闲性体力活动得分，B为回归系数，SE为标准误差，*代表显著水平（$p < 0.05$）。

第三节　温州市老年人休闲性体力活动的建成环境影响因素

温州市老年人休闲性体力活动水平为2676.7±2386.9MET.min/week，在调研的五座城市中处于中高水平。休闲性体力活动的建成环境影响因素包括：居住密度、道路状况、人文环境、交通安全和安全性（参见表6.2）。建成环境对老年人休闲性体力活动的影响具体表现在：

1.居住密度与温州市老年人休闲性体力活动水平正相关。研究结果表明，较高的居住密度能够促进老年人参与休闲性体力活动。这与国内一些研究结果及本书中的金华市调研结果一致。周等人对上海市进行调研后提出，相对于郊区居民，城区居民的休闲性体力活动水平与居住密度呈正相关关系。但是，这一结果也与部分国内研究结果及本书中的义乌市调研结果存在差异。可能的原因是前文中所提到的不同的城市规模及随之带来的受访者在社会特征和经济状况上的差异。至于居住密度是否在不同规模城市与老年人休闲性体力活动水平的相关性上存在差异，有待更多的研究加以确认。

2.道路状况、人文环境与温州市老年人参与休闲性体力活动水平正相关。良好的道路状况和优美的人文环境有利于温州市老年人更多地参与休闲性体力活动。孙等人对西安市调研后同样提出道路状况与居民体力活动水平呈正相关关系。至于人文环境，通过对温州与杭州两座城市对比后发现，杭州的人文环境评价高于温州，但线性回归结果并未发现杭州市老年人休闲性体力活动水平与人文环境存在相关关系。而温州的人文环境评分略低于杭州，却与老年人休闲性体力活动水平存在相关关系。综合考虑以上两个城市的调研结果，我们分析认为，在一个人文环境相对较好的城市中，居民可能已经习惯于这样的环境而没有把更多的注意力放在周围环境上。此时，其他的建成环境因素，例如本书在杭州市调研所发现的道路状况等则成为老年人参与休闲性体力活动的主要考量。但在人文环境相对一般的城市中，较好的人文环境则可能促进老年人参与休闲性体力活动。

3.交通安全、社会安全影响温州市老年人参与休闲性体力活动水平。交通安全与老年人休闲性体力活动水平存在正相关关系，即良好的交通安全性有利于促进老年人更多地参与休闲性体力活动。这与国内外研究结果一致，他们提出良好的交通环境可以令老年人在进行户外活动时感到安全进而间接鼓励他们参与体育锻炼。通过与杭州市的对比发现，杭州市的交通安全评分高于温州市，但其并不与杭州市老年人休闲性体力活动水平存在相关关系。这一结果可能提示，在交通安全较好的环境中，老年人并不会把其当作是否参与体育锻炼的主要考虑问题。社会安全与老年人休闲性体力活动水平呈正相关。这与香港地区的研究发现一致，但正如前文所提到的，基于中国的安全性较好，其是否仍是老年人休闲性体力活动的影响因素，有待更为全面的研究。

表6.2　温州市老年人休闲性体力活动水平与建成环境相关性分析

建成环境因素	建成环境各因素得分	B	SE	p
居住密度	599.10±68.80	4.24	1.86	0.03*
服务便捷性	2.88±0.33	−486.85	405.90	0.23
道路通达性	3.37±0.48	−36.57	269.64	0.89
道路状况	3.09±0.38	1130.47	347.56	0.001*
人文环境	2.45±0.40	863.18	332.04	0.01*
交通安全	2.29±0.62	477.58	219.17	0.03*
社会安全	2.68±0.45	1740.41	294.04	<0.001*
步行距离指数	2.73±0.55	−201.36	239.80	0.40

注：自变量为老年人休闲性体力活动得分，B 为回归系数，SE 为标准误差，*代表显著水平（$p < 0.05$）。

第四节 金华市老年人休闲性体力活动的 建成环境影响因素

金华市男性老年人每周休闲性体力活动水平为 2789.27±1949.72 MET.min/week，女性老年人为 3137.22±2372.39 MET.min/week。女性的休闲性体力活动水平略高于男性。不区分性别时，老年人休闲性体力活动水平的建成环境影响因素包括居住密度、道路通达性、安全性和步行距离指数四个因素。若考虑性别因素，这种影响则表现出男女差异。相对而言，女性老年人休闲性体力活动水平更易受到建成环境因素的影响。以上4个建成环境因素均会对女性老年人的休闲性体力活动水平产生影响，而只有服务便捷性和步行距离指数2个因素对男性老年人休闲性体力活动水平产生影响（参见表6.3、表6.4）。

1.居住密度

研究结果表明，居住密度与女性老年人的休闲性体力活动水平呈正相关，与男性老年人的休闲性体力活动水平无相关关系。这表明，较高的居住密度有利于女性参与更多的休闲体育锻炼，但并不会对男性的休闲性体力活动水平产生影响。这与我国上海市以及国外大量研究结果相一致。周等人调研后提出，上海市中年人的体力活动水平与居住密度呈正相关关系。这一结果可能与广场舞在中国广为流行有关。居民在晚饭后喜欢参与广场舞锻炼，而参与者以女性居多。更高的居住密度有利于女性找到舞伴，因而间接增加了其休闲性体力活动水平。

2.步行距离指数

本书采用步行量表评价步行距离指数，评分越高代表居民步行至不同目的地所需的时间越长。研究结果发现，步行距离指数评分与老年人休闲性体力活动水平呈负相关，即目的地与住宅的步行距离越近，老年人休闲性体力活动水平越高。男性和女性的步行距离指数的平均评分分别为3.02和3.20，代表老年人平均大约需要花11—15分钟的时间步行至目的地。而更近的目的地，比如步行时间为1—5分钟或6—10分钟的目的地会促进老年人参与更多的休闲性体力活动。反之，步行时间为21—30分钟，甚至30分钟以上的目的地不利于老年人参与休闲性体力活动。这与国外研究结果相一致。范考文博格等发现，老年人步行或骑行活动水平与到目的地处于更近的距离显著性正相关。

3.服务便捷性

服务便捷性与男性老年人休闲性体力活动水平呈正相关关系，即较高的服务便捷性有利于促进男性老年人参与休闲性体力活动，这与香港团队的研究结果一致。塞林等人发现商店、公园、娱乐设施和公共交通等的便捷性与老年人的步行活动量呈正相关。在国外，班纳特等人同样发现，公园等娱乐场所的便捷性与老年人休闲性体力活动呈正相关。本书并未发现，服务便捷性与金华市女性老年人休闲性体力活动存在相关关系，这可能提示服务便捷性并不是金华市女性参与休闲性体力活动主要的考量因素。世界银行于2020年发布的《包含性别因素的城市规划建设白皮书》报告提出，在世界范围内，公共区域的设计通常是满足男性需求而较少考虑女性的需求，这间接导致了女性体力活动水平的降低。

4.道路通达性与安全性

道路通达性与安全性均与女性老年人休闲性体力活动水平正相关。这表明一个方便、安全的环境可以令女性在进行户外活动时感到轻松舒适，帮助其克服各种阻碍因素带来的不安情绪，进而提高其休闲性体力活动水平。

表6.3　金华市男性与女性老年人休闲性体力活动水平与建成环境评分对比

建成环境因素	男性	女性	t	p
休闲体力活动水平	2789.27±1949.72	3137.22±2372.39	−1.22	0.22
居住密度	598.76±122.53	650.19±155.11	−2.80	0.006*
服务便捷性	2.86±0.23	2.75±0.25	3.37	0.001*
道路通达性	3.31±0.49	3.30±0.49	0.27	0.79
道路状况	2.97±0.31	2.97±0.32	−0.08	0.93
人文环境	2.65±0.45	2.63±0.37	0.33	0.74
交通安全	2.55±0.56	2.44±0.61	1.34	0.18
社会安全	2.64±0.54	2.73±0.33	−1.63	0.11
步行距离指数	3.02±0.52	3.20±0.54	−2.77	0.006*

注：*代表男性与女性存在显著性差异。

表6.4 金华市男性和女性老年人休闲性体力活动与建成环境评分的
相关性分析

建成环境因素	B	SE(男性)	p	B	SE(女性)	p
居住密度	0.12	1.76	0.94	5.63	1.24	<0.001*
服务便捷性	2311.60	710.15	0.001*	−1439.74	763.25	0.06
道路通达性	237.54	393.86	0.55	1432.46	520.52	0.007*
道路状况	−221.45	633.91	0.73	−1140.01	677.21	0.10
人文环境	−370.51	460.08	0.42	750.54	568.50	0.19
交通安全	−324.34	393.49	0.41	−149.57	298.83	0.618
社会安全	564.90	384.11	0.14	1949.78	645.50	0.003*
步行距离指数	−1234.37	359.68	0.001*	−1497.49	325.48	<0.001*

注：自变量：老年人休闲性体力活动得分，B 为回归系数，SE 为标准误差，*代表显著水平（$p < 0.05$）。

第五节 义乌市老年人休闲性体力活动的建成环境影响因素

义乌市老年人每周休闲性体力活动水平为 1955±1312.05 MET.min/week，每周休闲性步行水平为 1656.29±1076.28 MET.min/week，在调研的五个城市中处于较低水平。步行是老年人参与休闲体育锻炼的主要运动形式。休闲性体力活动的建成环境影响因素包含：居住密度、道路通达性和人文环境。休闲性步行水平的建成环境影响因素为居住密度、人文环境与服务便捷性（参见表6.5、表6.6）。

1.步行是老年人参与休闲性体力活动的主要运动形式。义乌市老年人每周休闲性体力活动仅比休闲性步行活动高300 MET.min/week。此外，在调研的252名老年人中，仅有52名老年人报告参加过中高强度体力活动。以上两点充分说明，步行是老年人参与休闲性体力活动的主要运动形式。世界卫生组织建议老年人每周应至少参加150分钟的中高强度体力活动，这能带来诸多的健康收益，但能达成这一目标的老年人随年龄增长递减。2015年，世界卫生组织的报告指出，约有1/3的70—79岁老年人和1/2的80岁及以上的老年人无法完成这一指标。在义乌，这种情况更为严重，仅有1/5的老年人自我报告有参加中高强度运动的经历。导致这种现象的原因可能与健康状况、害怕跌倒等因素有关。因此，如何建设一个老年友好型的居住环境，帮助老年人在参与中高强度运动时克服类似跌倒的恐惧，是政府需要考虑的重要问题。

2.休闲性体力活动与休闲性步行的建成环境影响因素异同点。两者的共同建成环境影响因素居多，包括居住密度与人文环境，这与仅有1/5的老年人报告有参加中高强度运动有关。两者建成环境影响因素的差异主要表现在，服务便捷性仅与老年人休闲性步行活动相关，这可能提示服务便捷性是老年人参与休闲性步行的主要考虑因素。如果将中高强度运动纳入统计，综合考量老年人的休闲性体力活动水平，服务便捷性不再与老年人休闲性体力活动水平相关，而道路通达性则与其相关。这可能提示，道路通达性是老年人参与中高强度运动的重要考虑因素。

3.良好的人文环境能够促进老年人参与休闲性体力活动与休闲性步行。在本书中，人文环境对住宅附近的绿地环境、空气清洁度、人文景观和具有吸引力的建筑进行评价，较高的评分意味着更好的人文环境。人文环境与老年人休闲性体力活动呈正相关跟大量国内外研究结果相一致。国外的前瞻性研究发现，居住在更好的绿地环境的老年人会有更多参与体力活动的倾向。国际环境与体力活动理事会成员班纳特等人也提出，有强烈证据表明优美的人文环境与老年人的整体体力活动水平和步行水平呈正相关。同时，他也提到，良好的人文环境对降低城市热岛效应、改善空气污染状况及降低疾病负担有帮助。本书认为，良好的人文环境能够使老年人在参与户外运动时感觉放松，保持良好的心情，进而促进其参与休闲性体力活动。

4.较低的居住密度能够促进老年人参与休闲性体力活动与休闲性步行。这一研究发现与孙等人研究结果相一致。孙等人对西安市调研后提出，较低的居住密度能够促进女性成年人更多参与休闲性步行。但这一研究结果与国内其他城市研究结果和本书调研城市金华的研究结果存在差异。金华市的调研结果提示，较高的居住密度与女性老年人的休闲性体力活动水平呈正相关。产生这种差异的原因可能与调研城市的规模及受访者在社会学特征和社会经济状况的差异有关。前人的研究对象多为超大型、大型及中等规模的城市，而义乌（金华下级县市）则属于小型城市。至于在我国其他小型城市，居住密度与老年人休闲性体力活动水平是否仍存在负相关关系，有待未来进一步研究论证。

表6.5 义乌市老年人建成环境主观评分

建成环境因素	评分
居住密度	559.62±62.63
服务便捷性	2.99±0.34
道路通达性	3.11±0.45
道路状况	3.06±0.27
人文环境	2.72±0.37
交通安全	2.33±0.58
社会安全	2.43±0.63
步行距离指数	3.02±0.35

表6.6 义乌市老年人休闲体力步行（RW）和休闲性体力活动
（RPA）与建成环境评分的相关性分析

建成环境因素	B	SE(RW)	p	B	SE(RPA)	p
居住密度	−3.05	1.00	0.003*	−3.41	1.17	0.004*
服务便捷性	340.70	169.91	0.046*	237.17	198.19	0.23
道路通达性	286.78	163.65	0.08	822.57	190.90	<0.001*
道路状况	−26.91	217.58	0.90	−441.17	253.81	0.08
人文环境	776.46	189.57	<0.001*	1080.267	221.12	<0.001*
交通安全	−57.60	143.66	0.69	178.54	167.58	0.29
社会安全	−101.91	127.18	0.42	−201.13	148.36	0.18
步行距离指数	−63.41	170.46	0.71	−300.21	198.84	0.13

注：自变量为老年人休闲性体力活动得分，B为回归系数，SE为标准误差，*代表显著水平（$p<0.05$）。

第六节　宁波市老年人休闲性体力活动的建成环境影响因素

宁波市老年人休闲性体力活动水平为2708.03MET.min/week，在调研五座城市中处于中高水平。每周平均参与休闲性体力活动的时间为675分钟，休闲性步行是宁波市老年人的主要休闲运动形式，占比为80.6%。根据国际标准体力活动问卷的评分标准，每周维持中等体力活动量的老年人最多，占比55%，高等体力活动量的老年人次之，低等体力活动量的老年人最少。相关分析以及线性回归结果表明，道路状况和步行距离指数是影响宁波市老年人休闲性体力活动水平的两个建成环境因素（参见表6.7、表6.8）。

具体影响表现如下。

1.良好的步行道路状况能够促进老年人参与休闲性体力活动。步行道路状况与老年人休闲性体力活动水平存在正相关（$p=0.021$，相关系数为0.223）。这表明老年人居住地附近步行道路状况越好，比如居住地附近都设有方便老年人过马路的人行道，步行道路夜间有充足照明，老年人出门参与休闲性体力活动的概率就越大。来自杭州的研究发现其与步行道路状况具有相关性。另一项关于杭州的研究表明：女性体力活动与步行和骑行车道维度得分相关，而男性与该维度无相关性。本书同样发现杭州和温州两城市的步行道路状况与老年人休闲性体力活动水平存在相关关系。宁波市近年多次被评选为"幸福城市"，市容市貌大幅度得到改善，特别是道路两旁增加和拓宽骑行车道，方便市民"绿色出行"，这对提高老年人参与休闲性体力活动水平起到了极大的推动作用。

2.较低的步行距离指数能够促进老年人参与休闲性体力活动。居住地附近的步行距离指数反映了从受访者家中到社区周围，各种出行目的地距离的远近，是城市土地混合利用的一个重要方面。本书发现，宁波市步行距离指数与老年人休闲性体力活动水平呈负相关关系（$p=0.001$，相关系数为-0.307）。宁波市的步行距离指数平均评分为2.72，这表明宁波市老年人平均大约需要6—10分钟步行至目的地，而当目的地处于更近的步行距离时，有利于提高老年人休闲性体力活动水平。反之，步行时间为21—30分钟，甚至30分钟以上的目的地不利于老年人更多地参与休闲性体力活动。这与国外研究结果相一致。范考文博格等发现，老年人步行或骑行活动水平与到目的地处于更近的距离显著性正相关。本书同样发现，步行距离指数越低，女性休闲性体力活动水平越高。

3.不具显著性的建成环境因素与老年人参与休闲性体力活动水平的关系。可能在一定程度上受限于样本量，本书并未发现其他建成环境因素与老年人休闲性体力活动存在相关关系，但这并不意味着这些因素一定不会影响老年人休闲性体力活动水平。在大样本量的情况下，这些因素是否会影响老年人休闲性体力活动水平有待进一步研究。涉及人文景观方面，宁波地区的老年人休闲性体力活动与人文景观因素无相关性，这与宁波地区河流湖泊交错、水文特征复杂有一定联系。人文环境还可能涉及受访者居住地附近的水景特征，如观赏性喷泉的吸引力、公园里小型河流湖泊水的污染程度等，这些环境特征都可能影响老年人休闲性体力活动。松田（Tsunoda）等人研究发现，令人愉快的景观对于休闲性步行活动及其他形式的休闲性体力活动都有促进作用。另一项研究发现，步行适宜范围内的空间临水如海边或堤坝边，就可能成为人们喜爱的活动场所，使老年人步行时间增加。

涉及宁波地区交通安全与老年人休闲性体力活动的研究发现：老年人休闲性体力活动与交通状况无相关性，经过调研访谈发现，城市交通安全状况好坏，并不妨碍老年人群日常出行。但是车辆速度过快，车流量较大，司机不遵守交通规则，这些交通环境特征都会使老年人感到不安全，会潜在地减少他们从事休闲性体力活动时间。当老年人穿越街道感到安全，会潜在地增加他们休闲性步行活动时间。可供选择的出行线路、交通减速装置设计、机动车车流量和速度管制等交通安全措施，都能促进老年人休闲性体力活动水平提高。

表6.7　宁波市老年人休闲性体力活动水平与建成环境相关性分析

建成环境因素	建成环境各因素得分	相关系数	p
居住密度	634.50±170.60	0.125	0.198
服务便捷性	2.74±0.51	0.175	0.070
道路通达性	3.10±0.73	0.154	0.112
道路状况	3.05±0.62	0.223	0.021*
人文环境	2.72±0.70	0.152	0.116
交通安全	2.35±0.70	0.090	0.354
社会安全	1.87±0.92	−0.138	0.154
步行距离指数	2.72±0.66	−0.307	0.001*

注：*代表显著水平（$p < 0.05$）。

表6.8　宁波市老年人休闲性体力活动水平与建成环境评分线性
回归分析结果

建成环境因素	B	SE	p
道路状况	1027.82	426.61	0.018*
步行距离指数	−1336.37	398.44	0.001*

注：自变量为老年人休闲性体力活动得分，B为回归系数，SE为标准误差，*代表显著水平（$p<0.05$）。

第七节　就促进老年人休闲性体力活动的浙江省城镇建成环境规划建议

通过问卷调研，本书发现，浙江省老年人每周休闲性体力活动水平能够达到中等体力活动水平，休闲性步行是老年人参与休闲性体力活动的主要运动形式，其他中度和重度休闲性体力活动则较少。建成环境因素对老年人休闲性体力活动影响表现出以下特征：不同社会经济发展水平城市的建成环境影响因素存在差异；男性和女性休闲性体力活动的建成环境影响因素存在差异，女性更易受到建成环境因素影响；休闲性步行与中重度休闲性体力活动建成环境影响因素基本一致，但仍存在一定差异。

针对浙江省老年人休闲性体力活动特点，结合浙江省经济社会发展特点，贯彻《健康中国2030规划纲要》的指导精神，我们提出以下几点建议。

1.城市规划要将促进老年人休闲性体力活动纳入考虑范畴，构建体力活动促进型城市环境。研究发现，建成环境因素会对老年人休闲性体力活动产生影响，形成老年人参与休闲性体力活动的促进因素或阻碍因素。比如，温州和义乌的人文环境是老年人休闲性体力活动的促进因素。优美的人文环境可以令老年人参与休闲性体力活动时心情愉悦放松，进而促进其参与体育锻炼。再比如，宁波和金华的步行距离指数是老年人休闲性体力活动的阻碍因素。老年人步行至目的地的距离越近，老年人的休闲性体力活动水平越高。步行时间为21—30分钟，甚至30分钟以上的目的地不利于老年人更多地参与休闲性体力活动。

2.各市有必要开展当地的大样本调研活动，以更准确地确定本地老年人休闲性体力活动的建成环境影响因素。研究发现，由于各市在社会经济发展水平及老年受访者在社会学特征等方面的差异，各市老年人休闲性体力活动的建成环境影响因素不尽相同，有时甚至出现同一建成环境因素对老年人休闲性体力活动产生截然相反的影响。比如，在温州和金华，较高的居住密度有利于促进老年人休闲性体力活动水平的提高，这与国内大部分大中型城市的调研结果相一致。而在义乌，较低的居住密度更有利于老年人休闲性体力活动水平的提高，虽有国内研究也发现这一结果，但相对较少。国内像义乌市一样规模较小的城市是否都存在这一现象有待进一步研究。此外，样本量也会对调研结果产生影响。尽可能大的样本量可在一定程度有助于获得更加准确的结果。

3.建成环境对老年人休闲性体力活动的影响存在性别差异，女性的休闲性体力活动受到更多建成环境因素的影响。金华市的调研结果发现，男性休闲性体力活动受服务便捷性、步行距离指数两个因素的影响，女性休闲性体力活动会受到居住密度、道路通达性、社会安全以及步行距离指数4个因素的影响。可见，休闲性体力活动的建成环境影响因素存在性别差异。再比如，较高的居住密度有利于提高女性的休闲性体力活动水平，而对男性不会产生影响。这可能与较高的居住密度有利于女性找到广场舞舞伴，而广场舞参与人群以女性居多有关。因此，城镇规划需要兼顾男性与女性的需求，充分考虑女性的体育锻炼需要。

4.构建促进老年人中高强度休闲性体力活动的建成环境对提高老年人整体体力活动水平至关重要。义乌市的调研发现仅有1/5的老年人自我报告有参加中高强度运动的经历，大部分老年人未达到世界卫生组织所提倡的老年人每周应至少参加150分钟的中高强度体力活动的健身建议。2015年，世界卫生组织的报告指出，约有1/3的70—79岁老年人和1/2的80岁及以上的老年人无法达到这一指标，而在义乌，这种情况更为严重。考虑到中高强度体力活动可带来诸多的健康益处，因此，建设一个老年友好型的居住环境以提高老年人中高强度休闲运动水平是政府需要考虑的重要问题。

参考文献

陈佩杰，翁锡全，林文弢.体力活动促进型的建成环境研究:多学科、跨部门的共同行动［J］.体育与科学，2014，35（1）：22-29.

陈庆果，林家仕.体力活动建筑环境测量方法评述［J］.北京体育大学学报，2013，36（2）：71-79.

陈庆果，温煦.建成环境与休闲性体力活动关系的研究:系统综述［J］.体育与科学，2014，35（1）：46-51.

何靖楠，李宁华.中国应对人口老龄化的对策［J］.中国老年学杂志，2014，24（2）：553-556.

黄晓燕，曹小曙，殷江滨，等.城市轨道交通和建成环境对居民步行行为的影响［J］.地理学报，2020，75（6）：1256-1271.

任凯风，于佳彬，张伸，等.宁波市老年人休闲性体力活动状况与建成环境因素的相关性研究［J］.浙江体育科学，2020，42（4）：101-107.

宋彦，李青，王竹影.建成环境与老年人休闲性体力活动关系的研究综述［J］.曲阜师范大学学报，2016，42（4）：114-121.

王桦，赵晟珣.中国人口老龄化社会发展与应对策略［J］.中国社会医学杂志，2014，31（2）：75-77.

王开. 健康导向下城市公园建成环境特征对使用者体力活动影响的研究进展及启示［J］. 体育科学，2018，38（1）：55–62.

温煦，何晓龙. 建成环境对交通性体力活动的影响:研究进展概述［J］. 体育与科学，2014，35（1）：40–45.

吴轶辉，王杰龙. 建成环境对老年人休闲性体力活动影响综述［J］. 中国运动医学杂志，2016，35（11）：1074–1083.

闫萍，李传祥. 中国老年人医疗费用的负担水平及变化趋势［J］. 中国老年学杂志，2013，33（16）：3935–3939.

杨晓奇，王莉莉. 我国老年人收入、消费现状及问题分析——基于2015年第四次中国城乡老年人生活状况抽样调查［J］. 老龄科学研究，2019，7（5）：10–25.

翟振武，刘雯莉. 从功能发挥的角度定义老年：对老年定义与健康测量的反思与探讨［J］. 中国体育科技，2019，55（10）：3–9.

张航空. 中国老年人口受教育水平现状及其变动［J］. 中国老年学杂志，2016，36（5）：1215–1216.

张莹，翁锡全. 建成环境体力活动与健康关系研究的过去、现在和将来［J］. 体育与科学，2014，35（1）：30–35.

ANDREUCCI M B，RUSSO A，OLSZEWSKA–GUIZZO A. Designing urban green blue infrastructure for mental health and elderly wellbeing ［J］. Sustainability，2019，11（22）：24.

AREM H，MOORE S C，PATEL A，et al. Leisure time physical activity and mortality: A detailed pooled analysis of the dose–response relationship ［J］. JAMA Internal Medicine，2015，175（6）：959–967.

ATIYA M，HABIB C. A photovoice documentation of the role of neighborhood physical environments in older adults physical activity in two metropolitan areas in North America [J] . Social Science & Medicine, 2013 (3): 302-312.

BAERT V, GORUS E, METS T, et al. Motivators and barriers for physical activity in the oldest old: A systematic review [J] . Ageing Research Reviews, 2011, 10 (4): 464-474.

BARNETT D W, BARNETT A, NATHAN A, et al. Council on environment and physical activity (CEPA) —Older adults working group. Built environmental correlates of older adults' total physical activity and walking: A systematic review and meta-analysis [J] . International Journal of Behavioral Nutrition and Physical Activity, 2017 (14): 23.

BIZE R, JOHNSON J A, PLOTNIKOFF R C. Physical activity level and health-related quality of life in the general adult population: A systematic review [J] . Preventive Medicine, 2007, 45 (6): 401-415.

BIZE R, JOHNSON J A, PLOTNIKOFF R C. The association between physical activity level and health-related quality of life in the general adult population: A systematic review [J] . Journal of General Internal Medicine, 2007 (22): 72.

BOAKYE-DANKWA E, NATHAN A, BARNETT A, et al. Walking behaviour and patterns of perceived access to neighbourhood destinations in older adults from a low-density (Brisbane, Australia) and an ultra-dense city (Hong Kong, China) [J] . Cities, 2019 (84): 23-33.

BOEHM A W, MIELKE G I, DA CRUZ M F, et al. Social support and leisure-time physical activity among the elderly: A population-based study［J］. Journal of Physical Activity & Health，2016，13（6）：599-605.

BONACCORSI G，MANZI F，DEL RICCIO M，et al. Impact of the built environment and the neighborhood in promoting the physical activity and the healthy aging in older people: An umbrella review［J］. International-al Journal of Environmental Research and Public Health，2020，17（17）：11.

BOONE-HEINONEN J，GUILKEY D K，EVENSON K R，et al. Res-idential self-selection bias in the estimation of built environment effects on physical activity between adolescence and young adulthood［J］. Interna-tional Journal of Behavioral Nutrition and Physical Activity，2010（7）.

BOOTH M L，OWEN N，BAUMAN A，et al. Social-cognitive and perceived environment influences associated with physical activity in older Australians［J］. Preventive Medicine，2000，31（1）：15-22.

CAO X Y，HANDY S L，MOKHTARIAN P L. The influences of the built environment and residential self-selection on pedestrian behavior: Evi-dence from Austin，TX［J］. Transportation，2006，33（1）：1-20.

CAPOLONGO S，REBECCHI A，BUFFOLI M，et al. COVID- 19 and cities: From urban health strategies to the pandemic challenge. A deca-logue of public health opportunities［J］. Acta Bio-medica : Atenei Parmen-sis，2020，91（2）：13-22.

CAUWENBERG J V，DE BOURDEAUDHUIJ I，DE MEESTER F，et al. Relationship between the physical environment and physical activity in older adults: A systematic review［J］. Health & Place，2011，17（2）：

458-469.

CERIN E, LEE K-Y, BARNETT A, et al. Objectively-measured neighborhood environments and leisure-time physical activity in Chinese urban elders [J]. Preventive Medicine, 2013, 56 (1): 86-89.

CERIN E, NATHAN A, VAN CAUWENBERG J, et al. The neighbourhood physical environment and active travel in older adults: A systematic review and meta-analysis [J]. Journal of Transport & Health, 2017 (5): 11.

CERIN E, SIT C H, BARNETT A, et al. Walking for recreation and perceptions of the neighborhood environment in older Chinese urban dwellers [J]. Journal of Urban Health-Bulletin Of The New York Academy Of Medicine, 2013, 90 (1): 56-66.

CERIN E, SIT C H, CHEUNG M C, et al. Reliable and valid NEWS for Chinese seniors: Measuring perceived neighborhood attributes related to walking [J]. The International Journal of Behavioral Nutrition and Physical Activity, 2010 (7): 84.

CERIN E, ZHANG C J P, BARNETT A, et al. Associations of objectively-assessed neighborhood characteristics with older adults' total physical activity and sedentary time in an ultra-dense urban environment: Findings from the ALECS study [J]. Health & Place, 2016 (42): 1-10.

CHAN C B, RYAN D A. Assessing the effects of weather conditions on physical activity participation using objective measures [J]. International Journal of Environmental Research and Public Health, 2009, 6 (10): 2639-2654.

CHEN Y M. Perceived barriers to physical activity among older adults residing in long-term care institutions [J]. Journal of Clinical Nursing, 2010, 19 (34): 432-439.

CHODZKO-ZAJKO W J, PROCTOR D N, SINGH M A F, et al. Exercise and physical activity for older adults [J]. Medicine and Science in Sports and Exercise, 2009, 41 (7): 1510-1530.

CLELAND C, REIS R S, HINO A A F, et al. Built environment correlates of physical activity and sedentary behaviour in older adults: A comparative review between high and low-middle income countries [J]. Health & Place, 2019 (57): 277-304.

COHEN-MANSFIELD J, SHMOTKIN D, BLUMSTEIN Z, et al. The old, older-old, and the-oldest old: Continuation or distinct categories? An examination of the relationship between age and changes in health, function, and wellbeing [J]. International Journal of Aging & Human Development, 2013, 77 (1): 37-57.

CORSEUIL GIEHL M W, HALLAL P C, CORSEUIL C W, et al. Built environment and walking behavior among Brazilian older adults: A population-based study [J]. Journal of Physical Activity & Health, 2016, 13 (6): 617-624.

DANIEL T C, Whither scenic beauty? Visual Landscape quality assessment in the 21st century [J]. Landscape Urban Plan, 2001, 54 (1): 267-281.

DE GROOT G C L, FAGERSTROM L. Older adults' motivating factors and barriers to exercise to prevent falls [J]. Scandinavian Journal of

Occupational Therapy, 2011, 18 (2): 153-160.

DE JONGH A, GROENLAND G N, SANCHES S, et al. The impact of brief intensive trauma-focused treatment for PTSD on symptoms of borderline personality disorder [J]. European Journal of Psychotraumatology, 2020, 11 (1): 91.

DE MEESTER F, VAN DYCK D, DE BOURDEAUDHUIJ I, et al. Do psychosocial factors moderate the association between neighborhood walkability and adolescents physical activity? [J]. Social Science & Medicine, 2013 (81): 1-9.

DE SA E, ARDERN C I. Neighbourhood walkability, leisure-time and transport-related physical activity in a mixed urban-rural area [J]. PeerJ, 2014, 2 (11).

DEFORCHE B, VAN DYCK D, VERLOIGNE M, et al. Perceived social and physical environmental correlates of physical activity in older adolescents and the moderating effect of self-efficacy [J]. Preventive Medicine, 2010 (50): S24—S29.

DISHMAN R K, SALLIS J F, ORENSTEIN D R. The determinants of physical activity and exercise [J]. Public Health Reports, 1985, 100 (2): 158-171.

DURAND C P, ANDALIB M, DUNTON G F, et al. A systematic review of built environment factors related to physical activity and obesity risk: Implications for smart growth urban planning [J]. Obesity Reviews, 2011, 12 (501): 173-182.

ELHAKEEM A, MURRAY E T, COOPER R, et al. Leisure-time

physical activity across adulthood and biomarkers of cardiovascular disease at age 60- 64: A prospective cohort study ［J］. Atherosclerosis, 2018, (269): 279-287.

ERONEN J, BONSDORFF M, RANTAKOKKO M, RANTANEN T. Environmental facilitators for outdoor walking and development of walking difficulty in community dwelling older adults ［J］. European Journal of Ageing, 2014, 11 (1): 67-75.

EWING R., CERVERO R. Travel and the built environment: A meta-analysis ［J］. Journal of the American Planning Association, 2010 (76): 265-294.

FABRIS L M F, BALZAROTTI R, SEMPREBON G, et al. New Healthy settlements responding to pandemic outbreaks approaches from and for the global-city ［J］. The Plan Journal, 2020, 5 (2): 385-406.

FORSYTH A, OAKES J M, LEE B, et al. The built environment, walking, and physical activity: Is the environment more important to some people than others? ［J］. Transportation Research Part D- Transport and Environment, 2009, 14 (1): 42-49.

FUERTES E, CARSIN A E, ANTO J M, et al. Leisure-time vigorous physical activity is associated with better lung function: The prospective ECRHS study ［J］. Thorax, 2018, 73 (4): 376-384.

GALLUP INC. Global law and order ［R］. Omaha, NE: Gallup Inc., 2020: 3.

GILES CORTI B, DONOVAN R J. Relative influences of individual, social environmental, and physical environmental correlates of walking

［J］. American Journal of Public Health，2003，93（9）：1583–1589.

GLAZIER R H，CREATORE M I，WEYMAN J T，et al. Density，destinations or both? A comparison of measures of walkability in relation to transportation behaviors，obesity and diabetes in Toronto，Canada ［J］. Plos One，2014，9（3）.

GOMEZ L F，PARRA D C，BUCHNER D，et al. Built environment attributes and walking patterns among the elderly population in Bogota ［J］. American Journal of Preventive Medicine，2010，38（6）：592–599.

GONG Y，GALLACHER J，PALMER S，et al. Neighbourhood green space，physical function and participation in physical activities among elderly men: The caerphilly prospective study ［J］. International Journal of Behavioral Nutrition and Physical Activity，2014（11）：40.

HAGNAS M J，LAKKA T A，MAKIKALLIO T H，et al. High leisure-time physical activity is associated with reduced risk of sudden cardiac death among men with low cardiorespiratory fitness ［J］. Canadian Journal of Cardiology，2018，34（3）：288–294.

HANDY S L，BOARNET M G，EWING R，et al. How the built environment affects physical activity :Views from urban planning ［J］. American Journal of Preventive Medicine，2002，23（2）：64–73.

HINO A A F，REIS R S，SARMIENTO O L，et al. Built environment and physical activity for transportation in adults from Curitiba，Brazil ［J］. Journal of Urban Health–Bulletin of the New York Academy of Medicine，2014，91（3）：446–462.

HONEY–ROSéS J，ANGUELOVSKI I，CHIREH V K，et al. The impact of COVID-19 on public space: An early review of the emerging questions—design, perceptions and inequities [J]. Cities & Health, 2020 (9): 1-17.

HUGHES M E, WAITE L J, LAPIERRE T A, et al. All in the family: The impact of caring for grandchildren on grandparents' health [J]. Journals of Gerontology Series B-Psychological Sciences and Social Sciences, 2007, 62 (2): 108-19.

ISABEL R, RICHARD M. Physical- friendly neighborhood among older adults alder from a medium size urban setting in Southern Europe [J]. Prevent Medicine, 2013, 33 (8): 664-670.

JAUREGUI A, SALVO D, LAMADRID-FIGUEROA H, et al. Perceived neighborhood environmental attributes associated with leisure-time and transport physical activity in Mexican adults [J]. Preventive Medicine, 2017 (103): 21-26.

JEFFERIS B J, SARTINI C, LEE I M, et al. Adherence to physical activity guidelines in older adults, using objectively measured physical activity in a population-based study [J]. BMC public health, 2014 (14): 104.

KACZYNSKI A T, KOOHSARI M J, STANIS S A W, et al. Association of street connectivity and road traffic speed with park usage and park-based physical activity [J]. American Journal of Health Promotion, 2014, 28 (3): 197-203.

KENJI T, TAISHI T. Associations of physical activity with neighborhood environments and transportation modes in older Japanese adults [J].

Prevent Medicine, 2012, 13 (5): 113-118.

KEYSOR JULIE J. Does late-life physical activity or exercise prevent or minimize disablement? A critical review of the scientific evidence. [J]. American Journal of Preventive Medicine, 2003, 25 (8): 129-136.

KOWAL J, FORTIER M S. Physical activity behavior change in middle-aged and older women:The role of barriers and of environmental characteristics [J]. Journal of Behavioral Medicine, 2007, 30 (3): 233-242.

LAW M, COOPER B, STRONG S, et al. The person-environment-occupation model: A transactive approach to occupational performance [J]. Canadian Journal of Occupational Therapy-Revue Canadienne Ergotherapie, 1996 (63): 9-23.

LEE C, MOUDON A V. Physical activity and environment research in the health field: Implications for urban and transportation planning practice and research [J]. Journal of Planning Literature, 2004 (2): 147-81.

LEE P H, MACFARLANE D J, LAM T H, et al. Validity of the international physical activity questionnaire short form (IPAQ-SF): A systematic review [J]. International Journal of Behavioral Nutrition and Physical Activity, 2011 (8): 91.

LEVASSEUR M, GÉNÉREUX M, BRUNEAU J F, et al. Importance of proximity to resources, social support, transportation and neighborhood security for mobility and social participation in older adults: Results from a scoping study [J]. BMC Public Health, 2015 (15): 503.

LIM K, TAYLOR L. Factors associated with physical activity among older people—a population- based study [J]. Preventive Medicine,

2005，40（1）：33-40.

LU Y，CHEN L，YANG Y Y，et al. The association of built environ-ment and physical activity in older adults: Using a citywide public housing scheme to reduce residential self-selection bias ［J］. International Journal of Environmental Research and Public Health，2018，15（9）：13.

LU Z. Investigating walking environments in and around assisted living facilities: A facility visit study ［J］. HERD-Health Environments Research & Design Journal，2010，3（4）：58-74.

LUIS F，DIANA C. Built environment attributes and walking patterns among the older population in Bogota ［J］.AmericanJournal of Prevent Med-icine，2010，33（6）：592-599.

MACHADO L P，JUNQUEIRA CAMARGO M B，MILANEZ JERON-YMO J C，et al. Physical activity and environment perception among older adults: A population study in Florianopolis，Brazil ［J］. Revista De Saude Publica，2012，46（4）：759.

MACLEAN F I，HUNTER H，CARIN-LEVY G. An exploration of the usefulness of the Person-Environment-Occupation （PEO）Model ［J］. British Journal of Occupational Therapy，2012，75（49）.

MAHMOOD A，CHAUDHURY H，MICHAEL Y L，et al. A photo-voice documentation of the role of neighborhood physical and social environ-ments in older adults'physical activity in two metropolitan areas in North America ［J］.Social Science & Medicine，2012，74（8）：1180-1192.

MALAMBO P，KENGNE A P，LAMBERT E V，et al. Does physical activity mediate the association between perceived neighborhood aesthetics and overweight/obesity among south african adults living in selected urban and rural communities? [J]. Journal of Physical Activity & Health, 2017, 14 (12): 925-932.

MARQUES A, SANTOS T, MARTINS J, et al. The association between physical activity and chronic diseases in European adults [J]. European Journal of Sport Science, 2018, 18 (1): 140-149.

MARUI W, LONE JAYCE C. Perception of environmental obstacles to commuting physical activity in Brazilian elderly [J].Preventive Medicine, 2011, 16 (7): 289-292.

MCCORMACK G R, CERIN E, LESLIE E, et al. Objective versus perceived walking distances to destinations: Correspondence and predictive validity [J]. Environmental Psychology and Nonverbal Behavior, 2008 (3): 401-425.

MCCORMACK G R. Neighbourhood built environment characteristics associated with different types of physical activity in Canadian adults [J]. Health Promotion and Chronic Disease Prevention in Canada-Research Policy and Practice, 2017, 37 (6): 175-185.

MCMORRIS O, VILLENEUVE P J, SU J, et al. Urban greenness and physical activity in a national survey of Canadians [J]. International Journal of Environmental Research, 2015 (137): 94-100.

MELILLO K D, WILLIAMSON E, HOUDE S C, et al. Perceptions of older Latino adults regarding physical fitness, physical activity, and exercise [J]. Journal of Gerontological Nursing, 2001, 27 (9): 38-46.

MICHAEL Y, BEARD T, CHOI D, et al. Measuring the influence of built neighborhood environments on walking in older adults ［J］. Journal of Aging and Physical Activity，2006（3）：302-312.

MORAN M，VAN CAUWENBERG J，HERCKY-LINNEWIEL R，et al. Understanding the relationships between the physical environment and physical activity in older adults: A systematic review of qualitative studies ［J］. International Journal of Behavioral Nutrition and Physical Activity，2014（11）：1-12.

MUELLER N，ROJAS-RUEDA D，COLE-HUNTER T，et al. Health impact assessment of active transportation: A systematic review ［J］. Preventive Medicine，2015（76）：103-114.

NAWROCKA A，MYNARSKI W. Objective assessment of adherence to global recommendations on physical activity for health in relation to rpiro-metric values in nonsmoker women aged 60-75 years ［J］. Journal of Aging and Physical Activity，2017，25（1）：123-127.

NELSON M E，REJESKI W J，BLAIR S N，et al. Physical activity and public health in older adults: Recommendation from the American college of sports medicine and the American heart association ［J］. Medicine and Science in Sports and Exercise，2007，39（8）：1435-1445.

PRICE A E，REED J A，LONG S，et al. The association of natural elements with physical activity intensity during trail use by older adults ［J］. Journal of Physical Activity & Health，2012，9（5）：718-723.

RANTAKOKKO M，MANTY M，IWARSSON S，et al. Fear of moving outdoors and development of outdoor walking difficulty in older people ［J］. Journal of the American Geriatrics Society，2009，57（4）：634-

640.

RHODES R E, SAELENS B E, SAUVAGE-MAR C. Understanding physical activity through interactions between the built environment and social cognition: A systematic review [J]. Sports Medicine, 2018, 48 (8): 1893-1912.

SALLIS J, BAUMAN A, PRATT M. Environmental and policy interventions to pronote physical activity [J].American Journal of Preventive Medicine, 1998 (4): 379-397.

SARAH C, JENNY V, DAVID C, et al. A cross-sectional investigation of the importance of park features for promoting regular physical activity in parks [J]. Interntional Journal of Environmental Research and Public Health, 2017, 14 (11): 1335.

SCHMIDT L, REMPEL G, MURRAY T C, et al. Exploring beliefs around physical activity among older adults in rural Canada [J]. International Journal of Qualitative Studies on Health and Well- Being, 2016 (11).

SHAFFER K, BOPP M, PAPALIA Z, et al. The relationship of living environment with behavioral and fitness outcomes by sex: An exploratory study in college-aged students [J]. International Journal of Exercise Science, 2017, 10 (3): 330-339.

SHIGEMATSU R, SALLIS J F, CONWAY T L, et al.Age difference-sin there lation of perceived neighborhood environment to walking [J]. Medicine and Science in Sports and Exercise, 2009 (41): 314-321.

SILFEE V J, ROSAL M C, SREEDHARA M, et al. Neighborhood

environment correlates of physical activity and sedentary behavior among Latino adults in Massachusetts ［J］. BMC Public Health，2016（16）.

SIMONSICK E M，GURALNIK J M，VOLPATO S，et al. Just get out the door! Importance of walking outside the home for maintaining mobility: Findings from the women' s health and aging study ［J］. Journal of The American Geriatrics Society，2005（53）：198-203.

SINGHAL N，SIDDHU A. Barriers to leisure-time physical activity in Asian Indian men ［J］.Public Health，2014，128（8）：749-751.

SIU V W，LAMBERT W E，FU R，et al. Built environment and its influences on walking among older women: Use of standardized geographic units to define urban forms ［J］. International Journal of Environmental Research and Public Health，2012（20）：31-41.

SLATER S J，CHRISTIANA R W，GUSTAT J. Recommendations for keeping parks and green space accessible for mental and physical health during COVID- 19 and other pandemics ［J］. Preventing Chronic Disease，2020（6）：17.

SMITH M，HOSKING J，WOODWARD A，et al. Systematic literature review of built environment effects on physical activity and active transport—An update and new findings on health equity ［J］. International Journal of Behavioral Nutrition and Physical Activity，2017（14）：38.

SPITERI K，BROOM D，BEKHET A H，et al. Barriers and motivators of physical activity participation in middle-aged and older adults—a systematic review ［J］. Journal of Aging and Physical Activity，2019，27（6）：929-944.

STEWART O T, VERNEZ M A, LITTMAN A J, et al. Why neighborhood park proximity is not associated with total physical activity ［J］. Health & Place, 2018（52）: 163-169.

STRATH S J, GREENWALD M J, ISAACS R, et al. Measured and perceived environmental characteristics are related to accelerometer defined physical activity in older adults ［J］. International Journal of Behavioral Nutrition and Physical Activity, 2012, 9（9）.

STRATH S, ISAACS R, GREENWALD M J. Operationalizing environmental indicators for physical activity in older adults ［J］. Journal of Aging and Physical Activity, 2007, 15（4）: 412-424.

SU M, TAN Y Y, LIU Q M, et al. Association between perceived urban built environment attributes and leisure-time physical activity among adults in Hangzhou, China ［J］. Preventive Medicine, 2014（66）: 60-64.

SUGIYAMA T, CERIN E, OWEN N, et al. Perceived neighbourhood environmental attributes associated with adults' recreational walking: IPEN Adult study in 12 countries ［J］. Health Place, 2014,（28）: 22-30.

SUN Y, HE C, ZHANG X, et al. Association of built environment with physical activity and physical fitness in men and women living inside the city wall of Xi′an, China ［J］. International Journal of Environmental Research and Public Health, 2020, 17（14）: 4940.

THE WORLD BANK. Handbook for gender—inclusive urban planning design ［R］.The Washington, DC, USA:World Bank, 2020.

TOMOYA. Teen and adult perceptions of urban green space Los Angeles

[J] . Children Youth and Environments, 2006, 16 (1) .

TROIANO R P, BERRIGAN D, DODD K W, et al. Physical activity in the United States measured by accelerometer [J] . Medicine and Science in Sports and Exercise, 2008, 40 (1): 181-188.

TUCKETT A G, BANCHO A W, WINTER S J, KING A C. The built environment and older adults: A literature review and an applied approach to engaging older adults in built environment improvements for health [J] . International Journal of Older People Nursing, 2018 (13): 12-17.

UNGER J B, JOHNSON C A. Social relationships and physical activity in health club members [J] . American Journal of Health Promotion : AJHP, 1995, 9 (5): 340-353.

UNITED NATIONS DOEASA. Population division [M] . New York: United Nations, 2019.

VAN CAUWENBERG J, CLARYS P, DE BOURDEAUDHUIJ I, et al. Physical environmental factors related to walking and cycling in older adults: The Belgian aging studies [J] . BMC Public Health, 2012, 12 (142) .

VAN CAUWENBERG J, NATHAN A, BARNETT A, et al. Relationships between neighbourhood physical environmental attributes and older adults leisure-time physical activity: A systematic review and meta-analysis [J] . Sports Medicine, 2018, 48 (7): 1635-1660.

VAN DYCK D, CERIN E, CONWAY T L, et al. Perceived neighborhood environmental attributes associated with adults leisure-time physical activity: Findings from Belgium, Australia and the USA [J] . Health &

Place, 2013 (19): 59-68.

VAN DYCK D, DE BOURDEAUDHUIJ I, CARDON G, et al. Criterion distances and correlates of active transportation to school in Belgian older adolescents [J]. International Journal of Behavioral Nutrition and Physical Activity, 2010, (7).

VOGEL T, BRECHAT P H, LEPRêTRE P M, et al. Health benefits of physical activity in older patients: A review [J]. International Journal of Clinical Practice, 2009 (2): 303-320.

WARBURTON D E R, NICOL C W, BREDIN S S D. Health benefits of physical activity: The evidence [J]. Canadian Medical Association Journal, 2006, 174 (6): 801-809.

WILLIAM A, SUSAN L. Lower- body function, neighborhoods and walking in an older population [J]. American Journal of Preventive Medicine, 2010, 38 (4): 419-428.

WILLIAM A, SUSAN L.Lower- body function, between neighborhoods and walking physical activity: How important is resident self-selections [J].Health Place, 2011, 17 (4): 419-428.

WORLD HEALTH ORGANIZATION. Global age- friendly cities: A Guide [R]. Geneva, Switzerland: WHO, 2007.

WORLD HEALTH ORGANIZATION. Global recommendations on physical activity for health [R]. Geneva, Switzerland: WHO, 2010.

WORLD HEALTH ORGANIZATION. National assessment of aging and health in China [R]. Geneva, Switzerland: WHO, 2016: 1.

WORLD HEALTH ORGANIZATION. The world health report 2002

［R］. Geneva, Switzerland : WHO, 2002.

WORLD HEALTH ORGANIZATION. World report on ageing and health ［R］. Geneva, Switzerland: WHO, 2015.

WU Z J, SONG Y L, WANG H L, et al. Influence of the built environment of Nanjing's urban community on the leisure physical activity of the elderly: An empirical study ［J］. BMC Public Health, 2019 (19): 11.

YANG X, WANG L. China's current situation and problems of the elderly income, consumption analysis—Based on the fourth sampling survey of the living conditions of the elderly in urban and rural China in 2015 ［J］. Scientific Research on Aging, 2019, 7 (5): 10–25.

YANRU H, MASOUDI M, CHADALA A, et al. Visual quality assessment of urban scenes with the contemplative landscape model: Evidence from a compact city downtown core ［J］. Remote Sensing, 2020, 12 (21): 16.

YARMOHAMMADI S, SAADATI H M, GHAFFARI M, et al. A systematic review of barriers and motivators to physical activity in elderly adults in Iran and worldwide ［J］. Epidemiology and Health, 2019 (5): 41.

YEN I H, MICHAEL Y L, PERDUE L. Neighborhood environment in studies of health of older adults: A systematic review ［J］. American Journal of Preventive Medicine, 2009 (37): 455–463.

YU J, YANG C, ZHANG S, et al. Comparison study of perceived neighborhood–built environment and elderly leisure–time physical activity between Hangzhou and Wenzhou, China ［J］. International Journal of Environmental Research and Public Health, 2020, 17 (24): 84–92.

YU J, YANG C, ZHANG S, et al. The effect of the built environment on older men's and women's leisure-time physical activity in the -scale city of Jinhua, China [J]. International Journal of Environmental Research and Public Health, 2021, 18 (3): 59.

YU T, FU M, ZHANG B, et al. Neighbourhood built environment and leisure-time physical activity: A cross-sectional study in southern China [J]. European Journal of Sport Science, 2020 (4): 19.

YUN H Y. Environmental factors associated with older adult's walking behaviors: A systematic review of quantitative studies [J]. Sustainability, 2019, 11 (12): 32-53.

ZACCARO H N, ATHERTON E. Bright spots, physical activity investments that work-complete streets: Redesigning the built environment to promote health [J]. British Journal of Sports Medicine, 2018, 52 (18): 1168-1179.

ZHANG H. Current situation and change of education level of elderly population in China [J]. Chinese Journal of Gerontology, 2016, 36 (5): 1215-1226.

ZHANG Y, LI Y, LIU Q, et al. The built environment and walking activity of the elderly: An empirical analysis in the Zhongshan metropolitan area, China [J]. Sustainability, 2014, 6 (2): 1076-1092.

ZHOU R, LI Y, UMEZAKI M, et al. Association between physical activity and neighborhood environment among middle-aged adults in Shanghai [J]. Journal of Environmental and Public Health, 2013 (23): 95.

ZHU W, CHI A, SUN Y. Physical activity among older Chinese

adults living in urban and rural areas: A review ［J］. Journal of Sport and Health Science，2016，5（3）：281-286.

附　录

附录一　IPAQ短问卷中文版

1. 最近7天内，您有几天做了剧烈的体育活动，像是提重物、挖掘、有氧运动或是快速骑车？

每周_____天

□ 无相关体育活动　→跳到问题3

2. 在这其中一天您通常会花多少时间在剧烈的体育活动上？

每天_____小时_____分钟

□ 不知道或不确定

3. 最近7天内，您有几天做了适度的体育活动，像是提轻的物品、以平常的速度骑车或打双人网球？这里不包括走路。

每周_____天

□ 无适度体育活动　→跳到问题5

4. 在这其中一天您通常会花多少时间在适度的体育活动上？

每天_____小时_____分钟

□ 不知道或不确定

5. 最近7天内，您有几天是步行，且一次步行至少10分钟？

每周_____天

☐ 没有步行 →跳到问题7

6. 在这其中一天您通常花多少时间在步行上？

每天_____小时_____分钟

☐ 不知道或不确定

7. 最近7天内，工作日您有多久时间是坐着的？

每天_____小时_____分钟

☐ 不知道或不确定

附录二　IPAQ长问卷中文版

请回顾一下过去7天您的体力情况，包括日常工作、交通、生活、运动锻炼以及休闲活动的情况。

请回顾一下过去7天内您所从事的体力活动的情况（重体力活动是指那些让您的呼吸心跳明显加快的活动，中度体力活动是指那些让您呼吸心跳略微加快的活动）。

第一部分：日常工作

1. 您目前是否外出工作？

□ 是

□ 否 →跳至第二部分：日常交通

2. 在过去7天内，您在工作中有几天参加了重体力活动（如搬运重物、挖掘、爬楼梯等）且持续时间超过10分钟？（注意不包括工作以外的活动）

_____天

□ 无工作相关重体力活动 →跳至问题4

3. 在工作中每天花多长时间进行重体力活动？

_____小时/天

_____分钟/天

4. 在过去7天内，您在工作中有几天参加了中度体力活动（如提拎小型物品等），且持续时间超过10分钟（注意不包括工作以外的活动)？

_____天

□ 无工作相关中体力活动 →跳至问题6

5. 在工作中每天花多长时间进行中体力活动？

_____小时/天

_____分钟/天

6. 在过去7天内，您有几天工作中步行时间持续超过10分钟（注意不包括上下班路上的步行时间)？

_____天

□ 无工作相关的步行 →跳至第二部分：日常交通

7. 在工作中每天花多长时间步行？

_____小时/天

_____分钟/天

第二部分：日常交通

8. 在过去7天内，您有几天乘车外出？

_____天/周

□ 未乘车外出 →跳至问题10

9. 每天乘车花多长时间？

_____小时/天

_____分钟/天

10. 在过去7天内，您有几天骑自行车外出，且持续时间超过10分钟？

_____天/周

☐ 未骑自行车外出 →跳至问题12

11. 每天骑自行车花多长时间？

_____小时/天

_____分钟/天

12. 在过去7天内，您有几天步行外出，且持续时间超过10分钟？

_____天/周

☐ 未步行外出 →跳至第三部分

13. 每天步行花多长时间？

_____小时/天

_____分钟/天

第三部分：日常生活

本部分涉及您工作之余所进行的家务劳动及日常生活，如清洁卫生、整理房间、做饭洗衣、照顾婴幼儿等。

14. 在过去7天内，您有几天参与了重体力家务劳动（如搬运重物、砍柴、扫雪、拖地板等），且持续时间超过10分钟？

_____天/周

☐ 无工作之余的重体力劳动 →跳至问题16

15. 每天花多长时间进行重体力家务劳动？

_____小时/天

_____分钟/天

16. 在过去7天内，您有几天参与了中度体力家务劳动（如提拎小型物品、扫地、擦窗户、整理房间、做饭、洗衣服等），且持续时间超过10分钟？

_____天/周

□ 无工作之余的中度体力劳动 →跳至第四部分：运动锻炼与休闲娱乐

17. 每天花多长时间进行中度体力家务劳动？

_____小时/天

_____分钟/天

第四部分：运动锻炼与休闲娱乐

18. 在过去7天内，您有几天外出散步，且持续时间超过10分钟？（不包括您已描述过的步行时间）

_____天/周

□ 未外出散步 →跳至问题20

19. 每天花在散步的时间是多少？

_____小时/天

_____分钟/天

20. 在过去7天内，您有几天参加了重体力活动的体育锻炼（如有氧健身、跑步、快速骑车、游泳、球类活动等），且持续时间超过10分钟？（不包括您已描述过的步行时间）

_____天/周

□ 无重体力活动体育锻炼 →跳至问题22

21. 每天花多长时间进行重体力活动体育锻炼?

_____小时/天

_____分钟/天

22. 在过去7天内,您有几天参加了中度体力活动的体育锻炼(如快速行走、跳交谊舞、打保龄球、乒乓球、羽毛球等),且持续时间超过10分钟?

_____天/周

□ 无中度体力活动体育锻炼 →跳至第五部分:静坐时间

23. 每天花多长时间进行中度体力活动体育锻炼?

_____小时/天

_____分钟/天

第五部分:静坐时间

本部分问题是关于过去7天您花在坐姿状态中的时间,包括工作中及生活中,如伏案工作、坐姿闲聊、读书看报或看电视、上网、打电脑游戏等。

24. 在过去7天内,您工作日每天花在坐姿状态中的时间是多少?

_____小时/天

_____分钟/天

25. 在过去7天内,您周末或休息日每天花在坐姿状态中的时间是多少?

_____小时/天

_____分钟/天

第六部分：睡眠时间

26. 在过去7天内，您工作日每天花在睡眠（包括午睡中）的时间是多少？

_____小时/天

_____分钟/天

27. 在过去7天内，您工作日每天花在睡眠中的时间是多少？

_____小时/天

_____分钟/天

评分标准

一、低（第1类）

这是最低的体力活动水平。这些人不符合标准的第2类或第3类，可视为无效。

二、中等（第2类）

以下3个标准的任何一项：

3天以上，剧烈活动至少20分钟；

每天或5天以上的至少30分钟中等强度的活动或行走；

每天或5天及以上的任意组合走路，中等强度或剧烈强度的活动实现最低至少600MET. min/week。

三、高（第3类）

以下2个标准的任何一项：

剧烈活动至少3天，累计至少1500MET. min/week或者7天综合活动或行走的任意组合；

中等强度或剧烈强度至少3000MET. min/week，取得最低限度的活动连续得分。

建议MET. min/week被表示为：MET水平X分钟，每周的活动X事件。请找到确切的数字为每个域和强度的PDF文件的代谢当量值。

附录三　IPAQ短问卷英文版

IPAQ Short Questionnaire

1. In the last 7 days, how many days have you done strenuous physical activities, such as lifting heavy objects, digging, aerobic exercise or fast cycling?

_____day per week

☐ No related sports → skip to question 3

2. How much time do you usually spend on vigorous physical activities on one of these days?

_____hours and minutes per day

☐ Don't know or be sure

3. In the last 7 days, how many days have you done moderate physical activities, such as lifting light objects, cycling at normal speed or playing tennis for doubles? Please don't include walking.

_____day per week

☐ No moderate physical activity → skip to question 5

4. How much time do you usually spend on moderate physical activities on one of these days?

_____hours and minutes per day

☐ Don't know or be sure

5. In the last 7 days, how many days have you walked for at least 10 minutes at a time?

_____day per week

☐ Not walking → skip to question 7

6. How much time do you usually spend walking on one of these days?

_____hours and minutes per day

☐ Don't know or be sure

7. In the last 7 days, how long have you been sitting on weekdays?

_____hours and minutes per day

☐ Don't know or be sure

附录四　IPAQ长问卷英文版

IPAQ Long Questionnaire

Please review your physical strength in the past 7 days, including daily work, daily life, daily transportation, physical exercise and leisure sports.

Consider the physical activity you have been engaged in over the past 7 days (heavy physical activity refers to those activities that have significantly increased your breathing and heartbeat, and moderate physical activity refers to those activities that have slightly increased your breathing and heartbeat.)

Part I: Daily work

1. Are you currently working outside the home?

☐ Yes

☐ No → skip to Part Ⅱ : Daily traffic

2. In the past 7 days, how many days have you participated in heavy physical activities (such as carrying heavy objects, digging, climbing stairs, etc.)at work and lasted for more than 10 minutes? (note that activities other than work are not included)

_____days

☐ No work-related heavy physical activity → skip to question 4

3. How long do you spend doing heavy physical activity every day at work?

_____hours/days

_____minutes/days

4. In the past 7 days, how many days have you participated in moderate physical activities (such as carrying small items, etc.) at work, which lasted for more than 10 minutes (note that activities outside work are not included)?

_____days

☐ No work-related physical activity → skip to question 6

5. How long do you spend doing moderate physical activity every day at work?

_____hours/days

_____minutes/days

6. In the past 7 days, how many days have you walked for more than 10 minutes at work (note that the walking time on the way to and from work is not included)?

_____days

☐ Walking without work → skip to Part II : Daily traffic

7. How long do you spend walking every day at work?

_____hours/days

_____minutes/days

Part II : Daily traffic

8. How many days have you gone out by bus in the past 7 days?

_____days

☐ Going out without taking a bus → skip to question 10

9. How long does it take to by bus every day?

_____hours/days

_____minutes/days

10. In the past 7 days, how many days have you gone out by bike for more than 10 minutes?

_____days

☐ Going out without cycling → skip to question 12

11. How long does it take to ride a bike every day?

_____hours/days

_____minutes/days

12. In the past 7 days, how many days have you walked out for more than 10 minutes?

_____days

☐ Go out without walking → skip to the third part

13. How long does it take to walk every day?

_____hours/days

_____minutes/days

Part Ⅲ:Daily life

This section involves the housework and daily life you do after work, such as cleaning, tidying the room, cooking and washing, taking care of infants and young children, etc.

14. In the past 7 days, how many days have you participated in heavy physical housework (such as carrying heavy objects, cutting wood, sweeping snow, mopping floors, etc.), which lasted for more than 10 minutes?

_____days

☐ Heavy manual labor after work → skip to question 16

15. How long does it take to do heavy physical housework every day?

_____hours/days

_____minutes/days

16. In the past 7 days, how many days have you participated in moderate physical housework (such as carrying small items, sweeping the floor, cleaning windows, tidying the room, cooking, washing clothes, etc.), which lasted for more than 10 minutes?

_____days

☐ Moderate physical labor after work → skip to Part Ⅳ : Exercise and Leisure

17. How long do you spend doing moderate physical housework every day?

_____hours/days

_____minutes/days

Part Ⅳ : Exercise and Leisure

18. In the past 7 days, how many days have you gone out for a walk and lasted more than 10 minutes? (excluding the walking time you have described)

_____days

☐ Not going out for a walk → skip to question 20

19. How much time do you spend walking every day?

_____hours/days

_____minutes/days

20. In the past 7 days, how many days have you participated in physical exercises with heavy physical activities (such as aerobic fitness, running,

fast cycling, swimming, football and basketball activities, etc.), which lasted for more than 10 minutes? (excluding the walking time you have described)

_____days

□ Physical exercise without heavy physical activity → skip to question 22

21. How long does it take to do heavy physical activity and physical exercise every day?

_____hours/days

_____minutes/days

22. In the past 7 days, how many days have you participated in physical exercises with moderate physical activities (such as fast walking, ballroom dancing, bowling, table tennis, badminton, etc.), which lasted for more than 10 minutes?

_____days

□ Physical exercise without moderate physical activity → skip to part V:Sit-in Time

23. How long do you spend doing moderate physical activity and physical exercise every day?

_____hours/days

_____minutes/days

Part 5:Sit Time

This part of the question is about the time you spent sitting in the past seven days, including work and life, such as working at your desk, chatting in a sitting position, reading books and newspapers, watching TV, surfing the Internet and playing computer games.

24. In the past 7 days, how much time did you spend in sitting position every day on weekdays?

_____hours/days

_____minutes/days

25. In the past 7 days, how much time did you spend sitting on weekends or rest days?

_____hours/days

_____minutes/days

Part 6: Sleep Time

26. In the past 7 days, how much time did you spend sleeping (including taking a nap) every day on the working day?

_____hours/days

_____minutes/days

27. In the past 7 days, how much time did you spend sleeping every day on a working day?

_____hours/days

_____minutes/days

Scoring Standard

I. Low (Category 1)

This is the lowest level of physical activity. Those who do not meet the criteria of Category 2 or 3 AR are deemed invalid.

II. Medium（Category 2）

Any one of the following three criteria More than 3 days, vigorous activity for at least 20 minutes, daily or Moderate activity or walking for at least 30 minutes for more than 5 days.

Daily or Walking for any combination of 5 days or more, moderate or intense activities achieve a minimum of at least 600 MET-min/week.

III.High（Categories 3）

Divided into any of the following 2 criteria Vigorous activity for at least 3 days, with a total of at least 1500 MET-minutes/a week or any combination of 7 days or walking, moderate intensity or intense.An intensity of at least 3000 MET-minutes/week achieves a minimum continuous activity score, I suggest that weekly MET-minutes are expressed as: MET level x minutes, weekly activity x events.

Please find the exact number for each field and the strength of the PDF file MET value.

附录五　邻近环境步行量表
（国际标准建成环境调研问卷中文版）

2006年2月23日发布

我们想找出一些您对邻近地区的理解或想法等方面的资料。请回答以下有关您邻近地区及您本人的问题。

D. 您邻近地区的住宅类型

请圈出最能符合您邻近地区情况的答案。

1. 独立单一家庭洋房在邻近地区有多普遍？

(1) 没有　　(2) 很少　　(3) 有些　　(4) 很多　　(5) 全部

2. 村屋或墙壁相连成排的平房（1–3层）在邻近地区有多普遍？

(1) 没有　　(2) 很少　　(3) 有些　　(4) 很多　　(5) 全部

3. 住宅大楼或公寓（1–3层）在邻近地区有多普遍？

(1) 没有　　(2) 很少　　(3) 有些　　(4) 很多　　(5) 全部

4. 住宅大楼或公寓（4–6层）在邻近地区有多普遍？

(1) 没有　　(2) 很少　　(3) 有些　　(4) 很多　　(5) 全部

5. 住宅大楼或公寓（7–12层）在邻近地区有多普遍？

(1) 没有　　(2) 很少　　(3) 有些　　(4) 很多　　(5) 全部

6. 住宅大楼或公寓（高过13层）在邻近地区有多普遍？

（1）没有　　　（2）很少　　（3）有些　　　（4）很多　　　（5）全部

E. 您邻近地区的店铺、设施及有关事物

这是有关用多少时间从您家步行到以下最近的商店或设施。每个商店或设施请只用一个记号（√）表示所需的时间。

	1—5分钟	6—10分钟	11—20分钟	21—30分钟	30+分钟	不知道
例子:油站			√			
1. 便利店/小型杂货店						
2. 超级市场						
3. 五金店						
4. 水果/蔬菜档						
5. 洗衣/干衣店						
6. 时装店						
7. 邮局						
8. 图书馆						
9. 中小学						
10. 其他学校						
11. 书店						
12. 快餐店						
13. 咖啡馆						
14. 银行/财务公司						
15.（非快餐类)餐厅						

续表

	1—5 分钟	6—10 分钟	11—20 分钟	21—30 分钟	30+ 分钟	不知道
16. 影视院						
17. 药房						
18. 理发屋						
19. 你工作或上课的地方（如果不适用请在此加上记号_____）						
20. 巴士站或火车站						
21. 公园						
22. 康乐中心						
23. 健身房或体育馆						

F. 使用服务的方便度

请圈出那个最符合您邻近地区情况的答案。这包括本区及从您家步行介于11—15分钟距离的地区。

1. 店铺是在我家附近轻松方便的步行距离内的。

（1）非常不同意　　　（2）部分不同意

（3）部分同意　　　　（4）非常同意

2. 在本区的购物地区停车是十分困难的。

（1）非常不同意　　　（2）部分不同意

（3）部分同意　　　　（4）非常同意

3. 在我家附近轻松方便的步行距离内有很多地方可以去的。

（1）非常不同意　　　（2）部分不同意

（3）部分同意 （4）非常同意

4. 从我家步行至公共交通运输站（巴士站、火车站）是方便的。

（1）非常不同意 （2）部分不同意

（3）部分同意 （4）非常同意

5. 我邻近地区的道路都是崎岖不平，故令我感到步行至邻近的其他地区很困难。

（1）非常不同意 （2）部分不同意

（3）部分同意 （4）非常同意

6. 本区有很多主要的步行障碍（如高速公路、火车路轨、河流、山边、峡谷），往返各个地方是十分困难的。

（1）非常不同意 （2）部分不同意

（3）部分同意 （4）非常同意

G. 我邻近地区的道路

请圈出那个最符合您邻近地区情况的答案。

1. 我邻近地区的道路并没有很多断头路。

（1）非常不同意 （2）部分不同意

（3）部分同意 （4）非常同意

2. 我邻近地区道路交会处间的距离一般很短（100米或以内，足球场的长度或以内）。

（1）非常不同意 （2）部分不同意

（3）部分同意 （4）非常同意

3 我邻近地区的道路有很多不同的路线供选择，让我往返不同的地方（我不需要每次走同样的路线）。

（1）非常不同意　　　（2）部分不同意

（3）部分同意　　　　（4）非常

H. 供步行的地方

请圈出那个最符合您邻近地区情况的答案。

1. 我邻近地区大部分的道路都设有人行道。

（1）非常不同意　　　（2）部分不同意

（3）部分同意　　　　（4）非常同意

2. 我邻近地区的行人路与交通道路都是被停泊的车辆所分隔。

（1）非常不同意　　　（2）部分不同意

（3）部分同意　　　　（4）非常同意

3. 我邻近地区的行人路与街道是被草披/泥地所分隔。

（1）非常不同意　　　（2）部分不同意

（3）部分同意　　　　（4）非常同意

4. 我邻近地区的街道在晚间都有充足照明 。

（1）非常不同意　　　（2）部分不同意

（3）部分同意　　　　（4）非常同意

5. 我邻近地区街道上的行人和骑车人很容易被路人看到。

（1）非常不同意　　　（2）部分不同意

（3）部分同意　　　　（4）非常同意

6. 我邻近地区有斑马线和行人辅助过路信号以协助行人穿过繁忙的街道 。

（1）非常不同意　　　（2）部分不同意

（3）部分同意　　　　（4）非常同意

I. 邻近地区的周围环境

请圈出那个最符合您邻近地区情况的答案。

1. 我邻近地区的街道旁都有树木。

（1）非常不同意　　　　（2）部分不同意

（3）部分同意　　　　　（4）非常同意

2. 我在邻近地区步行时，可以看到很多有趣的事物。

（1）非常不同意　　　　（2）部分不同意

（3）部分同意　　　　　（4）非常同意

3. 我邻近地区有很多吸引人的自然景色，例如山水景。

（1）非常不同意　　　　（2）部分不同意

（3）部分同意　　　　　（4）非常同意

4. 我邻近地区有很多吸引人的建筑、住宅。

（1）非常不同意　　　　（2）部分不同意

（3）部分同意　　　　　（4）非常同意

J. 交通危机

请圈出那个最符合您邻近地区情况的答案。

1. 我邻近地区的街道旁有很繁忙的交通，令人感到步行困难。

（1）非常不同意　　　　（2）部分不同意

（3）部分同意　　　　　（4）非常同意

2. 大部分街道的交通速度较慢（每小时30公里或以内）。

（1）非常不同意　　　　（2）部分不同意

（3）部分同意　　　　　（4）非常同意

3. 在我邻近地区，大部分司机都超速驾驶。

（1）非常不同意　　　（2）部分不同意

（3）部分同意　　　　（4）非常同意

K. 远离罪恶的安全居住环境

请圈出那个最符合您邻近地区情况的答案。

1. 我邻近地区罪案率是很高的。

（1）非常不同意　　　（2）部分不同意

（3）部分同意　　　　（4）非常同意

2. 我邻近地区的罪案率令人在日间步行时感到不安全。

（1）非常不同意　　　（2）部分不同意

（3）部分同意　　　　（4）非常同意

3. 我邻近地区的罪案率令人在晚间步行时感到不安全。

（1）非常不同意　　　（2）部分不同意

（3）部分同意　　　　（4）非常同意

附录六　邻近环境步行量表
（国际标准建成环境调研问卷英文版）

ID#_____   Version 12/2002   Date_____

Neighborhood Environment Walkability Scale （NEWS）

We would like to find out more information about the way that you perceive or think about your neighborhood. Please answer the following questions about your neighborhood and yourself. Please answer as honestly and completely as possible and provide only one answer for each item. There are no right or wrong answers and your information is kept confidential.

A. Types of residences in your neighborhood

Among the residences in your neighborhood…

1. How common are <u>detached single-family residences</u> in your immediate neighborhood?

1	2	3	4	5
None	A few	Some	Most	All

2. How common are <u>townhouses or row houses of 1-3 stories</u> in your immediate neighborhood?

1	2	3	4	5
None	A few	Some	Most	All

3. How common are <u>apartments or condos 1-3 stories</u> in your immedi-

ate neighborhood?

1	2	3	4	5
None	A few	Some	Most	All

4. How common are <u>apartments or condos 4−6 stories</u> in your immediate neighborhood?

1	2	3	4	5
None	A few	Some	Most	All

5. How common are <u>apartments or condos 7−12 stories</u> in your immediate neighborhood?

1	2	3	4	5
None	A few	Some	Most	All

6. How common are apartments or condos more than 13 stories in your immediate neighborhood?

1	2	3	4	5
None	A few	Some	Most	All

B. Stores, facilities, and other things in your neighborhood

About how long would it take to get from your home to the <u>nearest</u> businesses or facilities listed below if you <u>walked</u> to them? Please put <u>only</u> one check mark （√） for each business or facility.

	1−5 min	6−10 min	11−20 min	21−30 min	31+ min	don't know
example: gas station	1._____	2._____	3._____	4._____	5._____	6._____
1. convenience/small grocery store	1._____	2._____	3._____	4._____	5._____	6._____
2. supermarket	1._____	2._____	3._____	4._____	5._____	6._____
3. hardware store	1._____	2._____	3._____	4._____	5._____	6._____

4. fruit/vegetable market 1._____ 2._____ 3._____ 4._____ 5._____ 6._____

5. laundry/dry cleaners 1._____ 2._____ 3._____ 4._____ 5._____ 6._____

6. clothing store 1._____ 2._____ 3._____ 4._____ 5._____ 6._____

7. post office 1._____ 2._____ 3._____ 4._____ 5._____ 6._____

8. library 1._____ 2._____ 3._____ 4._____ 5._____ 6._____

9. elementary school 1._____ 2._____ 3._____ 4._____ 5._____ 6._____

10. other schools 1._____ 2._____ 3._____ 4._____ 5._____ 6._____

11. book store 1._____ 2._____ 3._____ 4._____ 5._____ 6._____

12. fast food restaurant 1._____ 2._____ 3._____ 4._____ 5._____ 6._____

13. coffee place 1._____ 2._____ 3._____ 4._____ 5._____ 6._____

14. bank/credit union 1._____ 2._____ 3._____ 4._____ 5._____ 6._____

15. non-fast food restaurant 1._____ 2._____ 3._____ 4._____ 5._____ 6._____

16. video store 1._____ 2._____ 3._____ 4._____ 5._____ 6._____

17. pharmacy/drug store 1._____ 2._____ 3._____ 4._____ 5._____ 6._____

18. salon/barber shop 1._____ 2._____ 3._____ 4._____ 5._____ 6._____

19. your job or school 1._____ 2._____ 3._____ 4._____ 5._____ 6._____

[check here _____if do not have work away from home or do not attend school]

20. bus or trolley stop 1._____ 2._____ 3._____ 4._____ 5._____ 6._____

21. park 1._____ 2._____ 3._____ 4._____ 5._____ 6._____

22. recreation center 1._____ 2._____ 3._____ 4._____ 5._____ 6._____

23. gym or fitness facility 1._____ 2._____ 3._____ 4._____ 5._____ 6._____

C. Access to services

Please circle the answer that best applies to you and your neighborhood. Both local and within walking distance mean within a 10-15 minute walk from your home.

1. I can do most of my shopping at local stores.

1	2	3	4
strongly disagree	somewhat disagree	somewhat agree	strongly agree

2. Stores are within easy walking distance of my home.

1	2	3	4
strongly disagree	somewhat disagree	somewhat agree	strongly agree

3. Parking is difficult in local shopping areas.

1	2	3	4
strongly disagree	somewhat disagree	somewhat agree	strongly agree

4. There are many places to go within easy walking distance of my home.

1	2	3	4
strongly disagree	somewhat disagree	somewhat agree	strongly agree

5. It is easy to walk to a transit stop （bus，train） from my home.

1	2	3	4
strongly disagree	somewhat disagree	somewhat agree	strongly agree

6. The streets in my neighborhood are hilly，making my neighborhood difficult to walk in.

1	2	3	4
strongly disagree	somewhat disagree	somewhat agree	strongly agree

7. There are many canyons/hillsides in my neighborhood that limit the

number of routes for getting from place to place.

1	2	3	4
strongly disagree	somewhat disagree	somewhat agree	strongly agree

D. Streets in my neighborhood

Please circle the answer that best applies to you and your neighborhood.

1. The streets in my neighborhood do not have many, or any, cul-de-sacs (dead-end streets).

1	2	3	4
strongly disagree	somewhat disagree	somewhat agree	strongly agree

2. There are walkways in my neighborhood that connect cul-de-sacs to streets, trails, or other cul-de-sacs.

1	2	3	4
strongly disagree	somewhat disagree	somewhat agree	strongly agree

3. The distance between intersections in my neighborhood is usually short (100 yards or less; the length of a football field or less).

1	2	3	4
strongly disagree	somewhat disagree	somewhat agree	strongly agree

4. There are many four-way intersections in my neighborhood.

1	2	3	4
strongly disagree	somewhat disagree	somewhat agree	strongly agree

5. There are many alternative routes for getting from place to place in

my neighborhood. (I don't have to go the same way every time.)

1	2	3	4
strongly disagree	somewhat disagree	somewhat agree	strongly agree

E. Places for walking and cycling

Please circle the answer that best applies to you and your neighborhood.

1. There are sidewalks on most of the streets in my neighborhood.

1	2	3	4
strongly disagree	somewhat disagree	somewhat agree	strongly agree

2. The sidewalks in my neighborhood are well maintained （paved, even, and not a lot of cracks）.

1	2	3	4
strongly disagree	somewhat disagree	somewhat agree	strongly agree

3. There are bicycle or pedestrian trails in or near my neighborhood that are easy to get to.

1	2	3	4
strongly disagree	somewhat disagree	somewhat agree	strongly agree

4. Sidewalks are separated from the road/traffic in my neighborhood by parked cars.

1	2	3	4
strongly disagree	somewhat disagree	somewhat agree	strongly agree

5. There is a grass/dirt strip that separates the streets from the side-

walks in my neighborhood.

1	2	3	4
strongly disagree	somewhat disagree	somewhat agree	strongly agree

F. Neighborhood surroundings

Please circle the answer that best applies to you and your neighborhood

6. There are trees along the streets in my neighborhood.

1	2	3	4
strongly disagree	somewhat disagree	somewhat agree	strongly agree

7. Trees give shade for the sidewalks in my neighborhood.

1	2	3	4
strongly disagree	somewhat disagree	somewhat agree	strongly agree

8. There are many interesting things to look at while walking in my neighborhood.

1	2	3	4
strongly disagree	somewhat disagree	somewhat agree	strongly agree

9. My neighborhood is generally free from litter.

1	2	3	4
strongly disagree	somewhat disagree	somewhat agree	strongly agree

10. There are many attractive natural sights in my neighborhood (such as landscaping, views).

1	2	3	4
strongly disagree	somewhat disagree	somewhat agree	strongly agree

11. There are attractive buildings/homes in my neighborhood.

1	2	3	4
strongly disagree	somewhat disagree	somewhat agree	strongly agree

G. Safety from traffic

Please circle the answer that best applies to you and your neighborhood.

1. There is so much traffic along the street I live on that it makes it difficult or unpleasant to walk in my neighborhood.

1	2	3	4
strongly disagree	somewhat disagree	somewhat agree	strongly agree

2. There is so much traffic along <u>nearby</u> streets that it makes it difficult or unpleasant to walk in my neighborhood.

1	2	3	4
strongly disagree	somewhat disagree	somewhat agree	strongly agree

3. The speed of traffic on the street I live on is usually slow (30 mph or less).

1	2	3	4
strongly disagree	somewhat disagree	somewhat agree	strongly agree

4. The speed of traffic on most <u>nearby</u> streets is usually slow (30 mph or less).

1	2	3	4
strongly disagree	somewhat disagree	somewhat agree	strongly agree

5. Most drivers exceed the posted speed limits while driving in my neighborhood.

1	2	3	4
strongly disagree	somewhat disagree	somewhat agree	strongly agree

6. There are crosswalks and pedestrian signals to help walkers cross busy streets in my neighborhood.

1	2	3	4
strongly disagree	somewhat disagree	somewhat agree	strongly agree

7. The crosswalks in my neighborhood help walkers feel safe crossing busy streets.

1	2	3	4
strongly disagree	somewhat disagree	somewhat agree	strongly agree

8. When walking in my neighborhood, there are a lot of exhaust fumes (such as from cars, buses).

1	2	3	4
strongly disagree	somewhat disagree	somewhat agree	strongly agree

H. Safety from crime

Please circle the answer that best applies to you and your neighborhood.

1. My neighborhood streets are well lit at night.

1	2	3	4
strongly disagree	somewhat disagree	somewhat agree	strongly agree

2. Walkers and bikers on the streets in my neighborhood can be easily seen by people in their homes.

1	2	3	4
strongly disagree	somewhat disagree	somewhat agree	strongly agree

3. I see and speak to other people when I am walking in my neighborhood.

1	2	3	4
strongly disagree	somewhat disagree	somewhat agree	strongly agree

4. There is a high crime rate in my neighborhood.

1	2	3	4
strongly disagree	somewhat disagree	somewhat agree	strongly agree

5. The crime rate in my neighborhood makes it unsafe to go on walks <u>during the day.</u>

1	2	3	4
strongly disagree	somewhat disagree	somewhat agree	strongly agree

6. The crime rate in my neighborhood makes it unsafe to go on walks <u>at night</u>.

1	2	3	4
strongly disagree	somewhat disagree	somewhat agree	strongly agree

I. Neighborhood satisfaction

Below are things about your neighborhood with which you may or may not be satisfied. Using the 1-5 scale below, indicate your satisfaction with each item by placing the appropriate number on the line preceding that item. Please be open and honest in your responding. The 5-point scale is as follows:

1 = strongly dissatisfied

2 = somewhat dissatisfied

3 = neither satisfied nor dissatisfied 4 = somewhat satisfied

5 = strongly satisfied

How satisfied are you with···

(example)3_the number of pedestrian cross-walks in your neighborhood ?

a._____the highway access from your home?

b._____the access to public transportation in your neighborhood?

c._____your commuting time to work/school?

d._____the access to shopping in your neighborhood?

e._____how many friends you have in your neighborhood?

f._____the number of people you know in your neighborhood?

g._____how easy and pleasant it is to walk in your neighborhood?

h._____how easy and pleasant it is to bicycle in your neighborhood?

i._____the quality of schools in your neighborhood?

j._____ access to entertainment in your neighborhood (restaurants, movies, clubs, etc.)?

k._____the safety from threat of crime in your neighborhood?

l._____the amount and speed of traffic in your neighborhood?

m._____the noise from traffic in my neighborhood?

n._____the number and quality of food stores in your neighborhood?

o._____the number and quality of restaurants in your neighborhood?

p._____your neighborhood as a good place to raise children?

q._____your neighborhood as a good place to live?

图书在版编目（CIP）数据

浙江省建成环境对老年人休闲体力活动的影响 / 于佳彬著. — 杭州：浙江大学出版社，2022.4
ISBN 978-7-308-22460-4

Ⅰ.①浙… Ⅱ.①于… Ⅲ.①城市环境—影响—老年人—体育锻炼—研究—浙江 Ⅳ.①G806

中国版本图书馆CIP数据核字(2022)第048888号

浙江省建成环境对老年人休闲体力活动的影响

于佳彬　著

责任编辑　钱济平　蔡圆圆
责任校对　许艺涛
装帧设计　周　灵
出版发行　浙江大学出版社
　　　　　（杭州市天目山路148号　邮政编码310007）
　　　　　（网址：http://www.zjupress.com）
排　　版　杭州兴邦电子印务有限公司
印　　刷　广东虎彩云印刷有限公司绍兴分公司
开　　本　710mm×1000mm　1/16
印　　张　18.75
字　　数　216千
版 印 次　2022年4月第1版　2022年4月第1次印刷
书　　号　ISBN 978-7-308-22460-4
定　　价　68.00元